わからないをわかるにかえる 中学国語 1~3年

文理

もくじ contents

イラスト：artbox，久保朋子，ユニックス

この本の特色と使い方

一単元は，2ページ構成です。

右ページの要点＋例題を読んで，左ページの問題にチャレンジしよう！

要点はここ
理解しておきたい**ポイント**を解説！

練習問題
学習したことを**問題を解いて**確認！

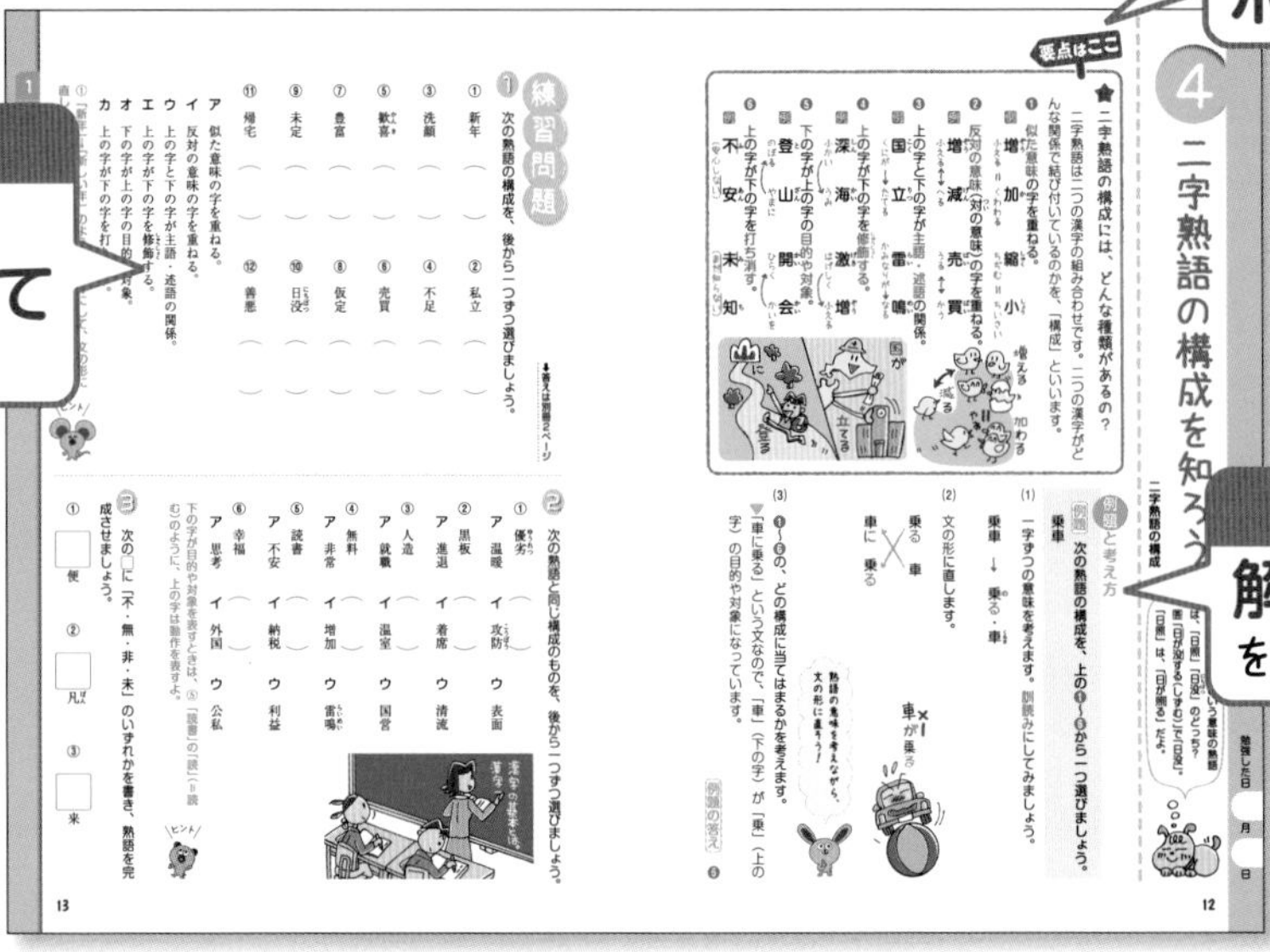

まずはここを覚えよう！

例題と考え方
解き方の手順をチェック！

イラストや図解でわかりやすい！

単元のまとまりごとに，「まとめのテスト」があります。

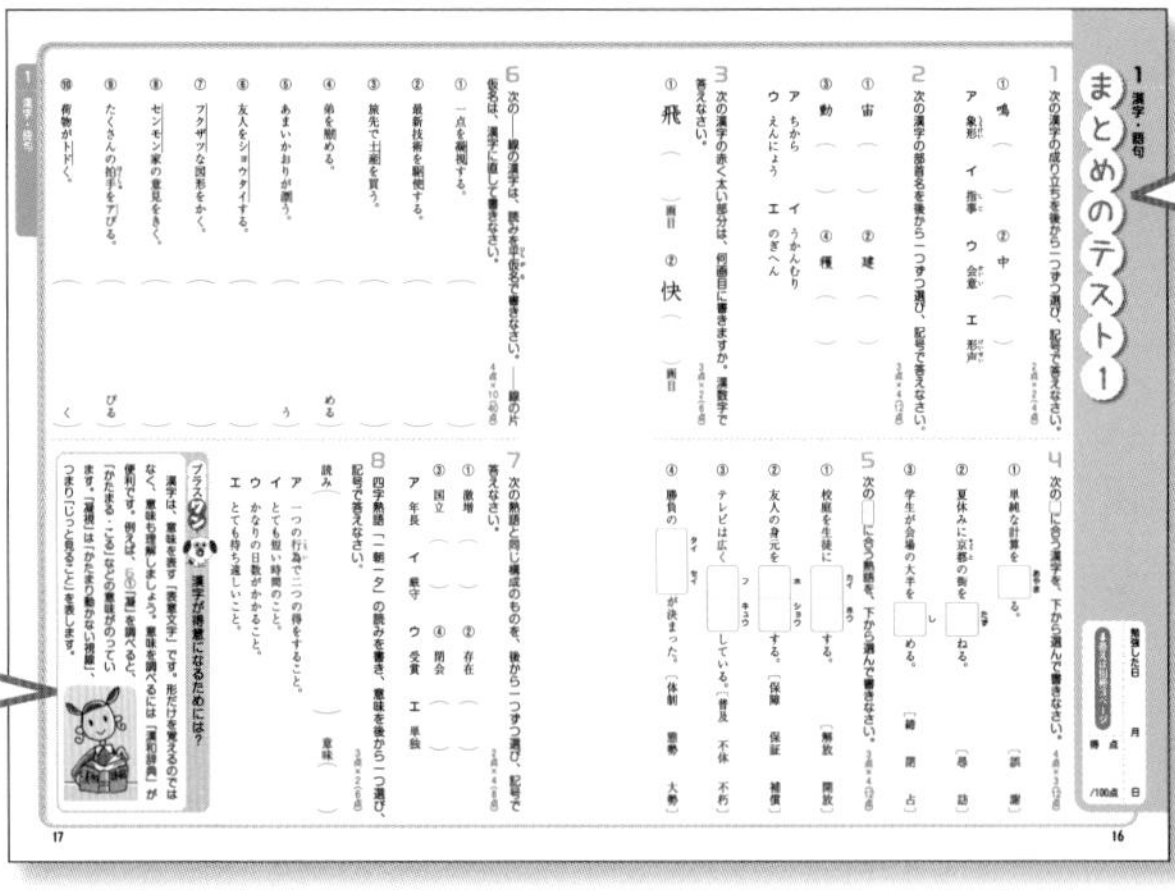

理解を深めよう！

テスト形式で学習したことが定着しているか試そう！

実力アップ！

プラスワン
ちょっとトクする情報が読める！

● **単元のまとまりの最後には，特集のページがあります。**
楽しいクイズや，知っておくと役に立つことがのっているよ。

まな　わたる　スモモ　ハッサク　グァバ

付録の「ミニブック」で知識を整理！
空き時間に確認できる！

1

漢字・語句

漢字・語句で特に注意

- 同訓異字・同音異義語
- 二字熟語の構成
- 慣用句・ことわざ・故事成語
- 敬語

言葉の本当の意味は？

1 漢字の基本を学ぼう

漢字の成り立ち・部首・筆順・画数

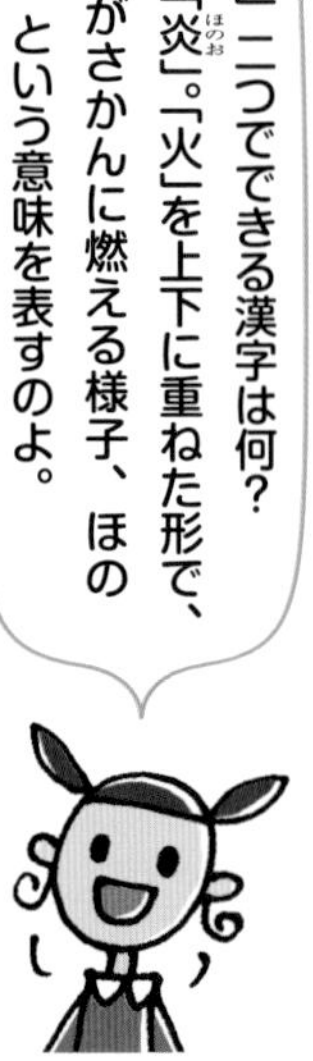

「火」二つでできる漢字は何？
答「炎《ほのお》」。「火」を上下に重ねた形で、「火がさかんに燃える様子、ほの お」という意味を表すのよ。

要点はここ

1 漢字の成り立ちには、どんなものがあるの？

漢字は、主に次の四つの成り立ちでできています。

❶ 象形《しょうけい》…物の形をかたどって作った字。

例 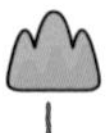→山　→口　→月

❷ 指事《しじ》…形に表せないことがらを記号で示した字。

例 二→二　⌣・→上　⌢・→下

❸ 会意《かいい》…二つ以上の字を組み合わせて、新しい意味を表す字。

例 木＋木→林　日＋月→明　口＋鳥→鳴

❹ 形声《けいせい》…音を表す部分と意味を表す部分を組み合わせた字。

例 銅《ドウ》（左が意味、右が音）　忠《チュウ》（上が音、下が意味）

2 部首とは？

漢字を形で分類するときの基準。

3 筆順・画数とは？

漢字を書く順を筆順、漢字を作る点と線の数を画数といいます。

部首
言
寺

例題と考え方

例題1 「格」の漢字の成り立ちを、次から選びましょう。

〔象形《しょうけい》　指事《しじ》　会意《かいい》　形声《けいせい》〕

● 「木」と「各」の二つに分けられることに注目します。

各→「カク」という音を表す部分。

木→「木」という意味を表す部分。

例題1の答え 形声

例題2 「投」の部首名を、次から選びましょう。

ア にんべん　イ さんずい　ウ てへん

● どの部首に当てはまるかを考えます。

ア にんべん 亻＝人に関する字に付く。例 休・体

イ さんずい 氵＝水に関する字に付く。例 海・泳

ウ てへん 扌＝手に関する字に付く。→投

「手」で「なげる」から「てへん」なんだね。

ここもたいせつ

部首は位置によって、①へん ②つくり ③かんむり ④あし ⑤かまえ ⑥たれ ⑦にょう の七つに分類されます。

例題2の答え ウ

勉強した日　月　日

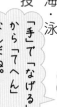

練習問題

➡答えは別冊2ページ

1 次の漢字の成り立ちを、後から一つずつ選びましょう。

①明（　　） ②上（　　）
③飯（　　） ④川（　　）

ア 象形《しょうけい》 **イ** 指事《しじ》 **ウ** 会意《かいい》 **エ** 形声《けいせい》

①「日」＋「月」でできた字。②横棒のうえにものがあることを示す。③「飠」＋「反」でできた字。④川の形からできた字。

2 次の漢字の部首を、例にならって書きましょう。

例 任→亻

①起→□ ②園→□

3 次の漢字の部首の分類を、後から一つずつ選びましょう。

①痛（　　） ②論（　　）
③志（　　） ④類（　　）

ア へん **イ** つくり **ウ** かんむり
エ あし **オ** かまえ
カ たれ **キ** にょう

「へん」は漢字の左側、「つくり」は右側にあるよ。

4 次の漢字の部首名を、後から一つずつ選びましょう。

①別（　　） ②複（　　）
③郡（　　） ④照（　　）
⑤庭（　　） ⑥情（　　）
⑦進（　　） ⑧関（　　）

ア まだれ **イ** しんにょう（しんにゅう）
ウ おおざと **エ** ころもへん **オ** もんがまえ
カ れんが（れっか） **キ** りっとう **ク** りっしんべん

カ「れんが（れっか）」は、「連火（列火）」と書いて、火に関係のある部首。キ「りっとう」は、「立刀」と書くよ。

5 次の漢字の赤く太い部分は、何画目に書きますか。漢数字で答えましょう。

①登（　　）画目 ②成（　　）画目
③必（　　）画目 ④集（　　）画目

6 「幼」と同じ画数の漢字を、次から一つ選びましょう。

ア 扱 **イ** 弟 **ウ** 世　（　　）

2 同じ読み方の漢字を使い分けよう

同訓異字・同音異義語

体育館の入り口に「土足現金」の看板。正しく書き直すと?
答 伝えたい内容は「土足を禁止する」だから、「土足厳禁」が正しい。

要点はここ

1 同訓異字はどんな漢字なの?

訓読みは同じでも、意味のちがう漢字です。

あつい
- 熱い湯。　意味 温度が高い。（←漢字の意味）
- 暑い夏。　意味 気温が高い。
- 厚い本。　意味 ぶあつい。

はやい
- 朝が早い。　意味 時期が前である。
- 足が速い。　意味 すばやい。

× 熱い本
○ 厚い本

2 同音異義語はどんな言葉なの?

音読みは同じでも、意味のちがう言葉です。

カンシン
- 音楽に関心がある。　意味 興味。
- 弟の作文に感心する。　意味 感動。
- 他人の歓心を買う。　意味 喜ぶ気持ち。

タイショウ
- 中学生対象の雑誌。　意味 相手。
- 左右対称の図形。　意味 つり合うこと。
- 元の文と対照する。　意味 見比べること。

例題と考え方

例題 次の――線に合う漢字を、下から選びましょう。

① ピアノをひく。　〔引く　弾く〕
② 電車が駅にシンニュウする。　〔進入　浸入　侵入〕

(1) ①は、その漢字を使った熟語を思いうかべて、漢字の意味を考えます。

①
- 「引く」→「引力」→ひっぱる。
- 「弾く」→「弾力《だんりょく》」→はじく。

②は、漢字から言葉の意味を考えます。

②
- 「進」の訓読みは「すす(む)」。「進入」＝進み入る。
- 「浸」→「氵《さんずい》」だから、水に関係。「浸入」＝水が入る。
- 「侵」→「亻《にんべん》」だから、人に関係。「侵入」＝無理に入る。

(2) 文の内容に合うほうを選びます。

① ピアノの音を鳴らすという文だから、「弾く」。
② 電車が駅に進んで入るという文だから、「進入」。

例題の答え ①弾く　②進入

練習問題

答えは別冊2ページ

1 次の――線に合う漢字を、後から選んで書きましょう。

① 電車が駅につく。〔付く　着く　就く〕（　　）

② シャツの布をたつ。〔断つ　絶つ　裁つ〕（　　）

③ 会費をおさめる。〔収める　納める　修める〕（　　）

①は、「付録」「到着《とうちゃく》」「就職《しゅうしょく》」のように、熟語を思いうかべてみて、漢字の意味を考えよう。

2 次の□に当てはまる漢字を、下から選んで書きましょう。

① 決勝戦で□《やぶ》れた。〔破　敗〕

② 川の流れが□《はや》い。〔早　速〕

③ リンゴが□《いた》む。〔痛　傷〕

3 次の□に当てはまる熟語を、下から選んで書きましょう。

① 到着時間の□□《ケントウ》をつける。〔検討　見当　健闘〕

② 兄の□□《イコウ》を聞いて決める。〔移行　以降　意向〕

③ 話し合いの□□《カクシン》にふれる。〔革新　確信　核心〕

④ 子供を□□《タイショウ》にした絵本。〔対照　対象　対称〕

②は「兄の考えを聞いて決める」という意味の文、③は「話し合いの中心の部分にふれる」という意味の文だよ。

4 次の□に当てはまる熟語を、後の漢字を組み合わせて書きましょう。

① 疑問をはさむ□□《ヨチ》もなかった。

② 絶好の□□《キカイ》にめぐまれる。

③ 映画は□□《イガイ》な結末だった。

〔械　意　予　余　以　機　外　会　地　知〕

3 よく出る漢字の読み書き

頻出《ひんしゅつ》漢字

「旅行の土産」。何と読むでしょう？

答「みやげ」。熟字訓（特別な読み方）の一つ。「土地の産物」という意味からできた言葉よ。

要点はここ

1 よく出る漢字の読み

訓読みの漢字は、送り仮名《がな》にも注意して読みましょう。

❶ 音読みの漢字

均衡→きんこう　**駆使**→くし　**口調**→くちょう
克服→こくふく　**錯覚**→さっかく　**遂行**→すいこう
素朴→そぼく　**頻繁**→ひんぱん　**満喫**→まんきつ

❷ 訓読みの漢字

鮮やか→あざやか　**著しい**→いちじるしい
促す→うながす　**覆う**→おおう
陥る→おちいる　**携わる**→たずさわる
募る→つのる　**弾む**→はずむ
浸る→ひたる　**催す**→もよおす

弾《ひ》く　弾《はず》む
送り仮名で読み方が変わるよ。注意しよう。

❸ 熟字訓（特別な読み方）

心地→ここち　**名残**→なごり　**為替**→かわせ

2 よく出る漢字の書き

同じ音や、形の似た漢字をしっかり書き分けましょう。

❶ 音読みの漢字

カチがある。→価値　**カンタン**な問題。→簡単
キケンな場所。→危険　**セイケツ**な台所。→清潔
センモン家。→専門　力を**ハッキ**する。→発揮
フクザツな心境。→複雑　**ヤクソク**を守る。→約束

❷ 訓読みの漢字

店を**いとなむ**。→営む
欠点を**おぎなう**。→補う
町を**おとずれる**。→訪れる
きびしい表情。→厳しい
手紙が**とどく**。→届く
友達を**まねく**。→招く

みなさんどうぞ!
ハッサク

勉強した日　月　日

練習問題

1 次の――線の漢字の読みを、平仮名《ひらがな》で書きましょう。

➡答えは別冊2ページ

① 全体を把握する。（　　）
② ダンスを披露する。（　　）
③ 役目を遂行する。（　　）
④ 説明を受けて納得がいく。（　　）
⑤ 柔和な性格の人。（　　）
⑥ 知人の送別会を催す。（　　す）
⑦ 鮮やかな色の服。（　　やか）
⑧ 緩やかな坂を上る。（　　やか）
⑨ 穏やかな笑顔《えがお》。（　　やか）
⑩ 校庭を眺める。（　　める）

2 次の――線の片仮名を、漢字で書きましょう。

① 車でオウフクする。（　　）
② 友達とヤクソクする。（　　）
③ この問題なら、ヨウイに解ける。（　　）
④ テンケイ的な形。（　　）
⑤ 飛び出すのはキケンだ。（　　）
⑥ 廊下《ろうか》のごみをヒロう。（　　う）
⑦ 別の実験をココロみる。（　　みる）
⑧ 荷物を人にアズける。（　　ける）
⑨ 手で体をササえる。（　　える）
⑩ 農業をイトナむ。（　　む）

ヒント
③は、同音異義語の書き分けに注意。「簡単にできる」という意味だよ。

4 二字熟語の構成を知ろう

二字熟語の構成

「太陽がしずむ」という意味の熟語は、「日照」「日没《にちぼつ》」のどっち？
答「日が没する（しずむ）」で「日没」。「日照」は、「日が照る」だよ。

要点はここ

★**二字熟語の構成には、どんな種類があるの？**

二字熟語は二つの漢字の組み合わせです。二つの漢字がどんな関係で結び付いているのかを、「構成」といいます。

❶似た意味の字を重ねる。
例 増《ぞう》加《か》（ふえる＝くわわる）　縮《しゅく》小《しょう》（ちぢむ＝ちいさい）

❷反対の意味（対《つい》の意味）の字を重ねる。
例 増《ぞう》減《げん》（ふえる↔へる）　売《ばい》買《ばい》（うる↔かう）

❸上の字と下の字が主語・述語の関係。
例 国《こく》立《りつ》（くにが→たてる）　雷《らい》鳴《めい》（かみなりが→なる）

❹上の字が下の字を修飾《しゅうしょく》する。
例 深《しん》海《かい》（ふかい→うみ）　激《げき》増《ぞう》（はげしく→ふえる）

❺下の字が上の字の目的や対象。
例 登《と》山《ざん》（のぼる←やまに）　開《かい》会《かい》（ひらく←かいを）

❻上の字が下の字を打ち消す。
例 不《ふ》安《あん》（安心しない）　未《み》知《ち》（まだ知らない）

増える
減る
加わる
やぁ

国が
立てる
山に
登る

例題と考え方

例題 **次の熟語の構成を、上の❶〜❻から一つ選びましょう。**

乗車

(1) 一字ずつの意味を考えます。訓読みにしてみましょう。

乗車 → 乗《の》る・車《くるま》

(2) 文の形に直します。

乗る　車
車に　乗る

車が乗る ×

熟語の意味を考えながら、文の形に直そう！

(3) ❶〜❻の、どの構成に当てはまるかを考えます。

▼「車に乗る」という文なので、「車」（下の字）が「乗」（上の字）の目的や対象になっています。

例題の答え ❺

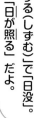

練習問題

1

次の熟語の構成を、後から一つずつ選びましょう。

➡答えは別冊2ページ

① 新年（　　）　② 私立（　　）

③ 洗顔（　　）　④ 不足（　　）

⑤ 歓喜《かんき》（　　）　⑥ 売買（　　）

⑦ 豊富（　　）　⑧ 仮定（　　）

⑨ 未定（　　）　⑩ 日没《にちぼつ》（　　）

⑪ 帰宅（　　）　⑫ 善悪（　　）

ア 似た意味の字を重ねる。

イ 反対の意味の字を重ねる。

ウ 上の字と下の字が主語・述語の関係。

エ 上の字が下の字を修飾《しゅうしょく》する。

オ 下の字が上の字の目的や対象。

カ 上の字が下の字を打ち消す。

①「新年」→「新しい年」のように訓読みにして、文の形に直して考えよう。

2

次の熟語と同じ構成のものを、後から一つずつ選びましょう。

① 優劣《ゆうれつ》（　　）　**ア** 温暖　**イ** 攻防《こうぼう》　**ウ** 表面

② 黒板（　　）　**ア** 進退　**イ** 着席　**ウ** 清流

③ 人造（　　）　**ア** 就職　**イ** 温室　**ウ** 国営

④ 無料（　　）　**ア** 非常　**イ** 増加　**ウ** 雷鳴《らいめい》

⑤ 読書（　　）　**ア** 不安　**イ** 納税　**ウ** 利益

⑥ 幸福（　　）　**ア** 思考　**イ** 外国　**ウ** 公私

下の字が目的や対象を表すときは、⑤「読書」の「読」(＝読む)のように、上の字は動作を表すよ。

3

次の□に「不・無・非・未」のいずれかを書き、熟語を完成させましょう。

① □便

② □凡《ぼん》

③ □来

5 三字熟語・四字熟語を知ろう

勉強した日　月　日

心 以 愛 伝 心 のカードで四字熟語を作る。使わないのはどれ？

答 愛。「以心伝心《いしんでんしん》」（言葉に出さなくても心が通じ合う）ができる。

要点はここ

1 三字熟語の構成には、どんな種類があるの？

三字熟語には、次のような構成があります。

❶ 一字＋二字の組み合わせ。

例 新学期《しんがっき》（新＋学期）　新しい↓学期

無責任《むせきにん》（無＋責任）　責任が無い

❷ 二字＋一字の組み合わせ。

例 引率者《いんそつしゃ》（引率＋者）　引率の↓者

機械化《きかいか》（機械＋化）　機械にする

❸ 一字＋一字＋一字の組み合わせ。

例 衣食住《いしょくじゅう》（衣＋食＋住）　衣服と食事と住居

上中下《じょうちゅうげ》

2 四字熟語の構成には、どんな種類があるの？

四字熟語には、主に次のような構成があります。

❶ 二字＋二字の組み合わせ。

例 完全無欠《かんぜんむけつ》　完全＝無欠（似た意味）

一進一退《いっしんいったい》　一進↕一退（反対の意味）

人工衛星《じんこうえいせい》　人工の↓衛星（上が下を修飾《しゅうしょく》）

首尾一貫《しゅびいっかん》　首尾が↓一貫する（主語・述語の関係）

❷ 一字＋一字＋一字＋一字の組み合わせ。

例 喜怒哀楽《きどあいらく》　よろこびといかりとかなしみとたのしみ

⬇四字熟語については「お役立ちミニブック」2ページへ

例題と考え方

例題 次の四字熟語の意味を、後から一つ選びましょう。

前代未聞《ぜんだいみもん》

ア めずらしいこと。

イ がっかりすること。

(1) 構成を考えます。

前代未聞 → 前代＋未聞
二字 ＋ 二字

(2) 文の形にして、意味をとらえます。

前代に未聞（上が下を修飾《しゅうしょく》している）
前の代　まだ聞かない

⇐ これまで聞いたことがない。
＝めずらしい

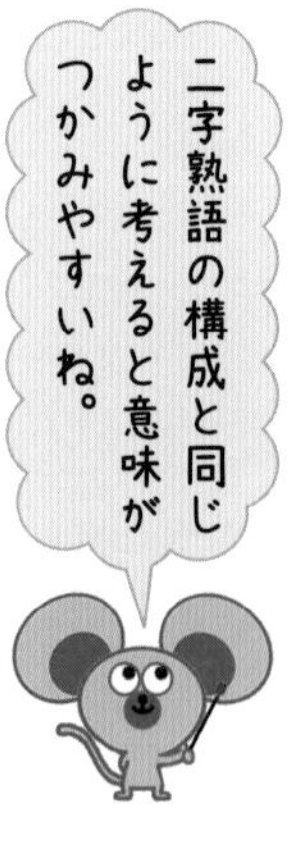
二字熟語の構成と同じように考えると意味がつかみやすいね。

例題の答え　ア

練習問題

➡答えは別冊3ページ

1 次の三字熟語の構成を、後から一つずつ選びましょう。

① 国有地（　　）　② 不十分（　　）

③ 衣食住（　　）　④ 画期的（　　）

⑤ 再生産（　　）　⑥ 市町村（　　）

ア 一字＋二字の組み合わせ。

イ 二字＋一字の組み合わせ。

ウ 一字＋一字＋一字の組み合わせ。

④「画期的」は、「一つの時代に区切りをつけるほどめざましい様子」という意味。「画期的な発明品」のように使うよ。

2 次の三字熟語と同じ構成のものを、後から一つずつ選びましょう。

① 非常口（　　）

ア 天地人　イ 満足感　ウ 殺風景

② 低気圧（　　）

ア 芸術家　イ 松竹梅　ウ 大成功

①「非常口」は緊急《きんきゅう》時の避難《ひなん》に使う出口。「非＋常口」ではないので気をつけよう。

3 次の四字熟語と同じ構成のものを、後から選びましょう。

① 半信半疑《はんしんはんぎ》（　　）　② 大器晩成《たいきばんせい》（　　）

③ 公明正大《こうめいせいだい》（　　）　④ 花鳥風月《かちょうふうげつ》（　　）

ア 完全無欠《かんぜんむけつ》　イ 一進一退《いっしんいったい》

ウ 喜怒哀楽《きどあいらく》　エ 本末転倒《ほんまつてんとう》

①〜③は二字＋二字、④は一字の漢字の組み合わせ。①〜③は、上と下の熟語がどんな関係になっているか考えよう。

4 次の四字熟語の意味を、後から一つずつ選びましょう。

① 試行錯誤《しこうさくご》（　　）　② 危機一髪《ききいっぱつ》（　　）

③ 右往左往《うおうさおう》（　　）　④ 有名無実《ゆうめいむじつ》（　　）

ア 大きな危険がすぐそばに近づいている状態。

イ 失敗を重ねながら、成功に近づくこと。

ウ あわてふためいて混乱する様子。

エ 名前だけで中身がともなわないこと。

5 次の□に漢字一字を書き、四字熟語を完成させましょう。

異□同音（意味 多くの人がみな、同じことを言うこと。）

「異」は「ちがう」という意味をもつ漢字。ちがう「何か」から同じ言葉が出るんだね。

まとめのテスト1

1 次の漢字の成り立ちを後から一つずつ選び、記号で答えなさい。 2点×2（4点）

① 鳴（　　）　② 中（　　）

ア 象形《しょうけい》　**イ** 指事《しじ》　**ウ** 会意《かいい》　**エ** 形声《けいせい》

2 次の漢字の部首名を後から一つずつ選び、記号で答えなさい。 3点×4（12点）

① 宙（　　）　② 建（　　）

③ 動（　　）　④ 穫（　　）

ア ちから　**イ** うかんむり

ウ えんにょう　**エ** のぎへん

3 次の漢字の赤く太い部分は、何画目に書きますか。漢数字で答えなさい。 3点×2（6点）

① 飛（　　）画目　② 快（　　）画目

4 次の□に合う漢字を、下から選んで書きなさい。 4点×3（12点）

① 単純な計算を□《あやま》る。〔誤　謝〕

② 夏休みに京都《きょうと》の街を□《たず》ねる。〔尋　訪〕

③ 学生が会場の大半を□《し》める。〔締　閉　占〕

5 次の□に合う熟語を、下から選んで書きなさい。 3点×4（12点）

① 校庭を生徒に□□《カイホウ》する。〔解放　開放〕

② 友人の身元を□□《ホショウ》する。〔保障　保証　補償〕

③ テレビは広く□□《フキュウ》している。〔普及　不休　不朽〕

④ 勝負の□□《タイセイ》が決まった。〔体制　態勢　大勢〕

6 次の——線の漢字は、読みを平仮名《ひらがな》で書きなさい。——線の片仮名は、漢字に直して書きなさい。

4点×10（40点）

① 一点を凝視する。（　　）
② 最新技術を駆使する。（　　）
③ 旅先で土産を買う。（　　）
④ 弟を慰める。（　　める）
⑤ あまいかおりが漂う。（　　う）
⑥ 友人をショウタイする。（　　）
⑦ フクザツな図形をかく。（　　）
⑧ センモン家の意見をきく。（　　）
⑨ たくさんの拍手《はくしゅ》をアびる。（　　びる）
⑩ 荷物がトドく。（　　く）

7 次の熟語と同じ構成のものを、後から一つずつ選び、記号で答えなさい。

2点×4（8点）

① 激増（　　）　② 存在（　　）
③ 国立（　　）　④ 閉会（　　）

ア 年長　**イ** 厳守　**ウ** 受賞　**エ** 単独

8 四字熟語「一朝一夕」の読みを書き、意味を後から一つ選び、記号で答えなさい。

3点×2（6点）

読み（　　）　意味（　　）

ア 一つの行為《こうい》で二つの得をすること。
イ とても短い時間のこと。
ウ かなりの日数がかかること。
エ とても待ち遠しいこと。

プラスワン　漢字が得意になるためには？

漢字は、意味を表す「表意文字」です。形だけを覚えるのではなく、意味も理解しましょう。意味を調べるには「漢和辞典」が便利です。例えば、6①「凝」を調べると、「かたまる・こる」などの意味がのっています。「凝視」は「かたまり動かない視線」、つまり「じっと見ること」を表します。

6 似た意味の言葉・反対の意味の言葉を知ろう

類義語・対義語

要点はここ

1 類義語はどんな言葉なの？

類義語は、「入る＝加わる」のように、たがいに意味が似ている言葉です。二字熟語の類義語は、次のように分類できます。

❶ 一字が同じ漢字。

例 目的＝目標（同じ）　節約＝倹約《けんやく》（同じ）

❷ 上下が入れかわる。

例 途中《とちゅう》＝中途　祖先＝先祖

❸ 全体で類義語。

例 賛成＝同意　興味＝関心

○仲間に入る。
○仲間に加わる。
○部屋に入る。
×部屋に加わる。
似ているけど意味は少しだけちがう！

2 対義語はどんな言葉なの？

対義語は、「広い↕狭《せま》い」のように、意味が反対になる言葉です。二字熟語の対義語は、次のように分類できます。

❶ 一字が同じ漢字で一字が対立。　例 往路↕復路

❷ 一字ずつがそれぞれ対立。　例 拡大↕縮小

❸ 全体で対義語。　例 部分↕全体

❹ 上に打ち消しの漢字が付く。　例 平凡《へいぼん》↕非凡

「お役立ちミニブック」3ページへ

① 「山が高い」、② 「値段が高い」。——線の対義語は？
答 ①は「低い」、②は「安い」。意味によって、対義語も変わるんだね。

例題と考え方

例題 次の言葉の対義語を、下から選びましょう。

① 後退　② 人工　〔自然　前進〕

(1) 言葉の意味を考えます。

① 後退…後ろへ退く。

② 人工…人の手で作り出すこと。

(2) 〔　〕の言葉の意味を確認《かくにん》して、反対の意味になっているものを選びます。

・自然…人の手が加わらないこと。

・前進…前へ進む。

同じ線の言葉どうしが、反対の意味になっているよ。

なお、対義語の分類は次のとおりです。

・「後退↕前進」→❷一字ずつがそれぞれ対立。

・「人工↕自然」→❸全体で対義語。

例題の答え　①前進　②自然

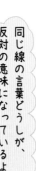

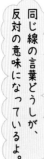

練習問題

➡答えは別冊3ページ

1 次の（　）に、「空想」「想像」のいずれか合うほうを書きましょう。

① 十年後の自分の姿を（　　）する。

② 海の上を歩けたらと（　　）する。

「空想」は実際にありそうもないことを、「想像」は未経験のことを思いうかべること。微妙《びみょう》に意味のちがう類義語だ。

2 次の□に当てはまる漢字を、後から選んで書き、類義語を完成させましょう。

① 目標＝目□

② 有名＝□名

③ 基礎《きそ》＝基□

④ 途中《とちゅう》＝中□

⑤ 値段＝□格

⑥ 欠点＝□所

⑦ 親切＝□意

⑧ 原因＝理□

〔価　厚　短　著　的　途　本　由〕

3 次の言葉の対義語を、後から一つずつ選びましょう。

① 単純　ア 簡単　イ 複雑　ウ 純粋《じゅんすい》　（　　）

② 必然　ア 偶然《ぐうぜん》　イ 当然　ウ 自然　（　　）

③ 現実　ア 実現　イ 現在　ウ 理想　（　　）

④ 結果　ア 効果　イ 原因　ウ 成果　（　　）

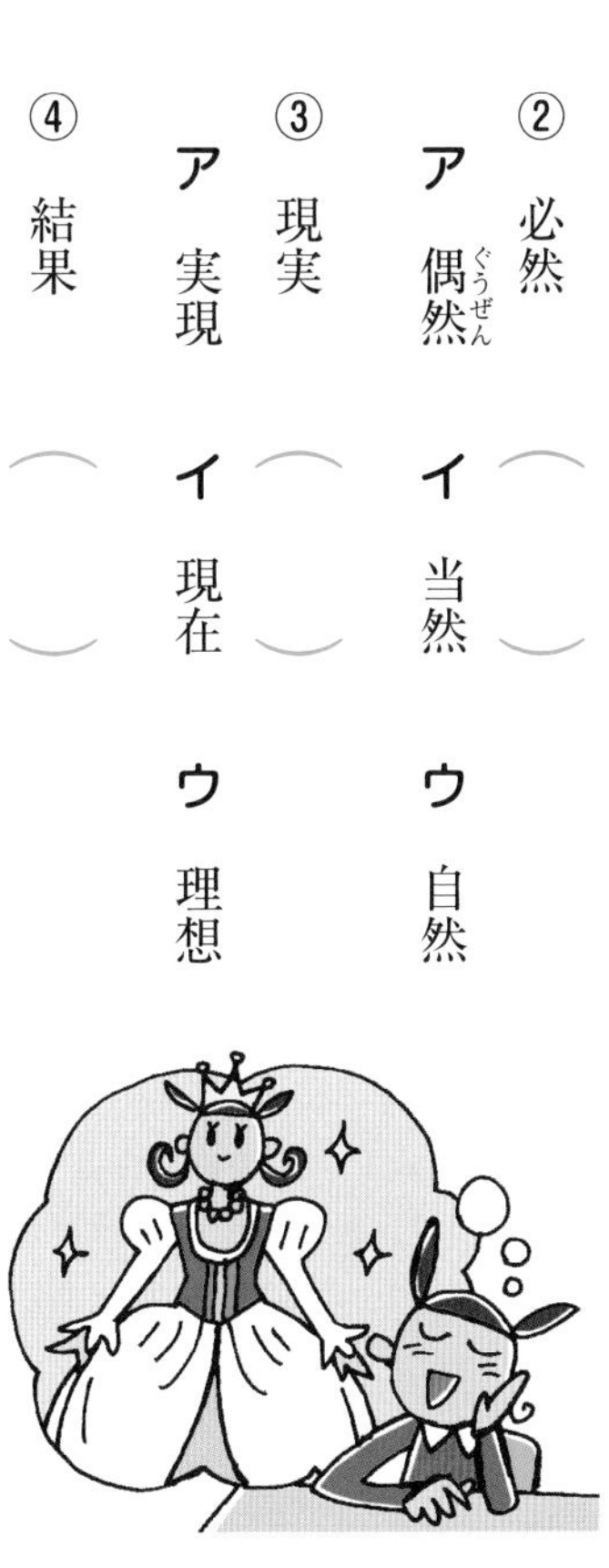

4 次の□に漢字一字を書き、対義語を完成させましょう。

① 進化 ↕ □化

② 直接 ↕ □接

③ 拡大 ↕ □小

④ 生産 ↕ 消□

⑤ 全体 ↕ □分

⑥ 決定 ↕ □定

①・②は一字だけが対立、③は一字ずつそれぞれが対立、④・⑤は全体で対義語、⑥は打ち消しの漢字が付く対義語。

7 いろいろな慣用句を知ろう

慣用句

「ねぼうしないように□をさす」。「さす」のは「水」？「釘《くぎ》」？
答 「釘をさす」で念をおすこと。「水をさす」はじゃまをすることよ。

要点はここ

★慣用句はどんな言葉なの？

慣用句は、二つ以上の言葉が結び付いて、特別な意味を表す言葉です。

例 貯金はすずめの涙《なみだ》ほどだった。

意味 ×すずめが涙を流すこと。
○小さなすずめが流す涙くらい、量がわずかなこと。

❶ 体に関係のある慣用句

例 **手を借りる** 手伝ってもらう。　**顔が広い** 知り合いが多い。　**目がない** とても好きだ。
鼻が高い 得意に思う。　**首を長くする** 待ち遠しい。　**口がすべる** うっかり言ってしまう。

❷ 動物・植物に関係のある慣用句

例 **馬が合う** 気が合う。　**犬猿《けんえん》の仲** とても仲が悪いこと。　**猫《ねこ》の額《ひたい》** 場所がとてもせまいこと。
うり二つ そっくりなこと。　**やぶから棒** 突然《とつぜん》に。　**木に竹を接《つ》ぐ** つり合いがとれない。

❸ 生活や文化に関係のある慣用句

例 **油を売る** 仕事をなまける。　**けりが付く** 決着がつく。　**太鼓判《たいこばん》をおす** 確実であると保証する。

「お役立ちミニブック」4ページへ

例題と考え方

例題 次の□に当てはまる体の部分を表す言葉を、漢字一字で書きましょう。

① かれの歌のうまさに□を巻く。
② 兄の足の速さには□が立たない。

(1) 文全体の意味をとらえます。
① かれの歌のうまさに感心する。
② 兄の足の速さにはかなわない。

(2) □に合う漢字を考え、慣用句を完成させます。
① 感心する → 舌を巻く
② かなわない → 歯が立たない

元の言葉の意味と異なる、特別な意味を表すことに注意しよう！

例題の答え ①舌 ②歯

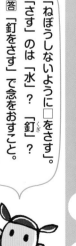

練習問題

➡答えは別冊4ページ

1

次の慣用句の意味を、後から一つずつ選びましょう。

① うのみにする（　　）　② お茶を濁《にご》す（　　）

③ けりが付く（　　）　④ 気が置けない（　　）

ア 決着がつく。

イ 人の言うことをそのまま受け入れる。

ウ 気軽につきあえる。

エ その場をごまかす。

① 「う」は鳥の一種。「うのみにする」は、魚を丸ごとのみこむ「う」の様子からできた言葉だよ。

2

次の（　）に当てはまる動物の名前を、後から選んで書き、慣用句を完成させましょう。

① （　　）が合う（意味 気が合う。）

② （　　）の手も借りたい（意味 とてもいそがしい。）

③ （　　）の一声（意味 権力のある人の一言で、すべてが決まること。）

〔犬　猫《ねこ》　鶴《つる》　馬〕

3

次の□に当てはまる言葉を、後から選んで書きましょう。

① 姉は、この町ではかなり□が広い。

② 優勝したことを□にかける。

③ 旅行の費用は□が出てしまった。

④ 一度□を冷やしてから、取り組む。

〔鼻　足　頭　顔　胸〕

①「知り合いが多い」、②「得意げにふるまう」、③「予算を超《こ》える」、④「気持ちを冷静にする」という意味。

4

次の（　）に共通して入る、体の一部を表す言葉は何ですか。漢字一字で書きましょう。

① （　）を白黒させる（意味 あわてる。）
（　）が届く（意味 注意が行き届く。）
（　）を丸くする（意味 びっくりする。）
□

② （　）をこまぬく（意味 何もしないでただ見ている。）
（　）を抜《ぬ》く（意味 いいかげんにする。）
（　）に汗《あせ》を握《にぎ》る（意味 緊張《きんちょう》したり興奮したりする。）
□

8 いろいろなことわざ・故事成語を知ろう

ことわざ・故事成語

「特にすぐれたものがない」という意味のことわざ「□の背比《せいくら》べ」。背比べしている、秋の実は？

答 「どんぐり」。

要点はここ

1 ことわざはどんな言葉なの？

ことわざは、昔から言い伝えられてきた、知恵《ちえ》や教訓をふくんだ短い言葉です。

例

猿《さる》も木から落ちる

名人もときには失敗をする。

転ばぬ先のつえ

失敗しないためには、準備をすることが大切だ。

ちりも積もれば山となる

わずかなものでも積み重なれば大きくなる。

おっと！
ズルッ

2 故事成語はどんな言葉なの？

故事成語は、中国に伝わる古い出来事や話（故事）から生まれた言葉で、知恵や教訓を表します。

例 **蛇足《だそく》**

故事 蛇《へび》の絵を早くかいた人が酒を飲む、という競争をした。一番早くかいて酒を手にした男が蛇に足をかくと、二番目の男が「足がない蛇になぜ足がかけるんだ」と言い、酒をうばって飲みほした。

↓

意味 よけいなつけたし。無用なもの。

故事を知っておくと、意味がとらえやすくなります。

「お役立ちミニブック」6ページへ

例題と考え方

例題 次のことわざと反対の意味を表すことわざを、後から一つずつ選びましょう。

① まかぬ種は生えぬ
② 立つ鳥跡《あと》を濁《にご》さず

ア 後は野となれ山となれ　イ 棚《たな》からぼた餅《もち》

(1) ことわざの多くは、たとえで表されています。言葉の意味を、状況《じょうきょう》からイメージしましょう。

① 種をまかなければ、芽は出ない。
↓原因がなければ、結果は生まれない。

② 水鳥が飛び立った後の水面は澄《す》んでいる。
↓去る者は、後始末をきちんとして去るべきだ。

(2) ア・イのことわざの意味も考えます。

ア 後は野や山になって荒《あ》れ果ててしまえ。
↓自分さえよければ、後はどうなってもかまわない。

イ 棚からおいしいぼた餅が落ちてくる。
↓思いがけない幸運にめぐり会う。

ことわざは、人々の暮らしから生まれた言葉なんだよ。

例題の答え ①イ ②ア

練習問題

↓答えは別冊4ページ

1 次のことわざの意味を、後から一つずつ選びましょう。

① 転ばぬ先のつえ（　）　② 一事《いちじ》が万事《ばんじ》（　）

③ 果報は寝《ね》て待て（　）　④ ぬれ手で粟《あわ》（　）

ア 失敗しないためには、準備をすることが大切だ。

イ 幸運は、あせらずに待つほうがよい。

ウ 一つを見ればすべてがおしはかれる。

エ 苦労せずに利益を得る。

2 〔　〕の意味のことわざになるように、□に漢字一字を書きましょう。

① 焼け石に□　〔援助《えんじょ》が少なくて、効果がないこと。〕

② □から出たさび　〔自分の行いのせいで、後で苦しむこと。〕

③ 類は□を呼ぶ　〔似た者どうしは自然と集まる。〕

④ □とすっぽん　〔二つのもののちがいが大きいこと。〕

④すっぽんは丸いこうらをもつ。同じように丸い二つのものだが、全くちがう、ということわざ。

3 ことわざ「情けは人のためならず」の意味を、次から一つ選びましょう。

ア 情けをかけてすぐ助けることは、相手のためにならない。

イ 情け深い人は、周りの人から大切にされるものである。

ウ 人に親切にしておけば、いつかは自分のためになる。

（　）

4 次の故事成語の意味を、後から一つずつ選びましょう。

① 推敲《すいこう》（　）　② 矛盾《むじゅん》（　）

③ 漁夫《ぎょふ》の利《り》（　）　④ 助長《じょちょう》（　）

ア つじつまが合わないこと。

イ 二者が争う間に、第三者が利益を得ること。

ウ よけいなことをして、害になること。

エ 文章をよりよくするために、表現を練り直すこと。

④「助長」は、「ある人が苗《なえ》を早く生長させようと思って引っ張ったら枯《か》れてしまった」という故事から生まれた語。

5 次の□に当てはまる故事成語を、後から選びましょう。

① 彼女《かのじょ》の演奏は□で、大きな拍手《はくしゅ》を受けた。（　）

② 負けたら引退という□で、試合を戦う。（　）

ア 五十歩百歩《ごじっぽひゃっぽ》　イ 完璧《かんぺき》　ウ 背水《はいすい》の陣《じん》

9 敬語を使いこなそう

勉強した日　月　日

敬語

「紅茶になります／紅茶でございます」。お客様に使えるのは？
答「ございます」。「なります」は「変化します」という意味。

要点はここ

1 敬語はどんな言葉なの？

敬語は、相手（話の聞き手）や話題の中の人に対して、話し手が敬意を表す言葉です。

2 敬語には、どんな種類があるの？

敬語は、大きく次の三つの種類に分かれます。

① **丁寧《ていねい》語…丁寧な話し方で相手に敬意を表す。**

例 私があなたに予定を言います。

② **尊敬《そんけい》語…相手や話題の中の人の動作などを高めて、その人に敬意を表す。**

例 先生が予定をおっしゃる。

③ **謙譲《けんじょう》語…自分側の動作などをへりくだって言うことで、動作の向かう相手や聞き手に敬意を表す。**

例 私が先生に予定を申し上げる。

「お役立ちミニブック」8ページへ

例題と考え方

例題 次の――線の敬語の種類を、下から選びましょう。

① 先生は空港でお待ちになる。
② 私は空港で先生をお待ちする。
③ 私は空港で待ちます。

［丁寧語《ていねい》　尊敬語《そんけい》　謙譲語《けんじょう》］

(1) 「待つ」のはだれの動作かを考えます。

① 先生　② 私　③ 私

(2) どのように敬意を表しているかとらえます。

① 相手（先生）の動作を高めて言う。
② 自分（私）の動作をへりくだって言う。
③ 自分（私）の動作を丁寧に言う。

ここもたいせつ

「お～になる」（例お待ちになる）は尊敬語です。
「お～する」（例お待ちする）は謙譲語です。

(3) 敬語のどの種類に当てはまるかを考えます。

例題の答え　① **尊敬語**　② **謙譲語**　③ **丁寧語**

練習問題

↓答えは別冊4ページ

1 次の――線の敬語の種類を、後から一つずつ選びましょう。

① みなさまはどう思われますか。（　　）

② 明日、お宅に伺《うかが》います。（　　）

③ 父の先輩《せんぱい》がおいでになる。（　　）

④ 集合時刻は十時です。（　　）

⑤ 校長先生からお言葉をいただく。（　　）

⑥ 明日、東京に出かけます。（　　）

ア 丁寧《ていねい》語　イ 尊敬《そんけい》語　ウ 謙譲《けんじょう》語

だれの動作かを考えよう。相手の動作なら尊敬語。②は「行く」、③は「来る」、⑤は「もらう」という意味の特別な動詞。

2 次の――線に当てはまる敬語を、後から一つずつ選びましょう。

① 私が、先生から本を借りる。（　　）

② 先生が、私から本を借りる。（　　）

ア お借りする　イ お借りになる

3 次の□に当てはまる敬語を、後から一つずつ選びましょう。

① 中村《なかむら》様が三時に店に□。

ア 参る　イ いらっしゃる　ウ 来る　（　　）

② 私が社長に手紙を□。

ア あげる　イ 差し上げる　ウ くださる　（　　）

③ 先生のお姿を□ことができてうれしい。

ア 見る　イ ご覧になる　ウ 拝見する　（　　）

4 次の――線の敬語が正しければ○を書き、まちがっていれば正しい敬語に直して書きましょう。

① 乗客のみなさま、バスにご乗車して(A)お待ちください(B)。

A（　　）　B（　　）

② お母さん(A)が先生にお会いしたいとおっしゃって(B)おります。

A（　　）　B（　　）

③ 町田《まちだ》様、遠慮《えんりょ》なさらず(A)、ケーキをいただいて(B)ください。

A（　　）　B（　　）

②母親は話し手である「私」の身内（＝家族）。他人を相手に話すときには、身内に対して尊敬語は使わないよ。

まとめのテスト2

勉強した日　月　日

得点　/100点

↓答えは別冊4ページ

1 次の①～④は類義語を、⑤～⑧は対義語を、□の漢字を組み合わせて書きなさい。　3点×8(24点)

① 興味 ＝ □□
② 用意 ＝ □□
③ 手段 ＝ □□
④ 倹約《けんやく》 ＝ □□
⑤ 失敗 ↕ □□
⑥ 必要 ↕ □□
⑦ 客観 ↕ □□
⑧ 権利 ↕ □□

節　要　心
準　成　約
義　法　功
観　務　主
方　備　関
不

2 次の□に体の部分を表す漢字一字を書き、慣用句を完成させなさい。　4点×4(16点)

① かれが転校するなんて、寝《ね》□に水だ。
② おじの家は、ここから目と□の先にある。
③ 私の□に余る難問が続いた。
④ 新入生の到着《とうちゃく》を□を長くして待つ。

3 次のことわざと似た意味のことわざを、後から一つずつ選び、記号で答えなさい。　4点×3(12点)

① 弱り目にたたり目　(　)
② 河童《かっぱ》の川流れ　(　)
③ のれんに腕押《うでお》し　(　)

ア 虻蜂《あぶはち》取らず
イ 弘法《こうぼう》にも筆の誤り
ウ 泣き面《つら》に蜂《はち》
エ ぬかに釘《くぎ》

4 次の□に当てはまることわざを、後から一つずつ選び、記号で答えなさい。

4点×4（16点）

① 新入部員の水泳の実力は、□だった。（　　）

② 実験は失敗だったが、□で名案を得られた。（　　）

③ 探していた本を姉が持っていたなんて、□だ。（　　）

④ かれに何度忠告しても、□である。（　　）

ア けがの功名《こうみょう》　イ 馬の耳に念仏

ウ 灯台下《もと》暗し　エ どんぐりの背比《せいくら》べ

5 次の故事成語の意味を、後から一つずつ選び、記号で答えなさい。

3点×4（12点）

① 杞憂《きゆう》（　　）

② 虎《とら》の威《い》を借《か》る狐《きつね》（　　）

③ 他山《たざん》の石《いし》（　　）

④ 塞翁《さいおう》が馬《うま》（　　）

ア 他人のよくない言動も、自分をみがくのに役立つこと。

イ 考えなくてもいいような、よけいな心配をすること。

ウ 人生の幸・不幸は全く予測できないものだということ。

エ 権力のある人の力にたよっていばる人のこと。

6 次の――線の言葉を、正しい敬語に直して書きなさい。

4点×5（20点）

① 先生から記念品をもらう。（　　）

② お話はお兄様から聞いております。（　　）

③ お客様は工場を拝見しました。（　　）

④ 川口《かわぐち》様が私にお礼を申し上げる。（　　）

⑤ 私が社長をご案内なさいます。（　　）

プラスワン　敬語は、「だれ」を見分けるのがコツ！

「尊敬語《そんけいご》」と「謙譲語《けんじょうご》」の使い分けに注意しましょう。正しく使うコツは、「だれ」の側から表現するかをおさえること。尊敬語は相手の動作に、謙譲語は自分の動作に使います。尊敬語は相手の動作を「高めて」、謙譲語は自分の動作を「へりくだって（低めて）」表現することで、相手への敬意を表すのです。

特集

かんたんチェック

漢字・語句クイズ

1 大きいのはどれ？〈画数〉

次の漢字の画数を足し算して、答えがいちばん大きくなるものを選びましょう。

ア 比＋辺
イ 引＋吸
ウ 幼＋防
エ 己＋延

2 漢字をうめろ！〈同音・同訓異字〉

水にぬれて■の文字が読めなくなってしまいました。文に合う正しい漢字を書きましょう。

① ジキ
- 今は大事な時■だ。
- 時■をうかがう。

② イドウ
- 人事■動が決まる。
- バスで■動する。

③ あける
- 窓を■ける。
- 夜が■ける。
- 席を■ける。

3 ぐるぐるしりとり〈二字熟語〉

二字熟語のしりとりになるように、□に入る漢字を□から選びます。□の中で使わなかった漢字を組み合わせてできる、二字熟語を書きましょう。

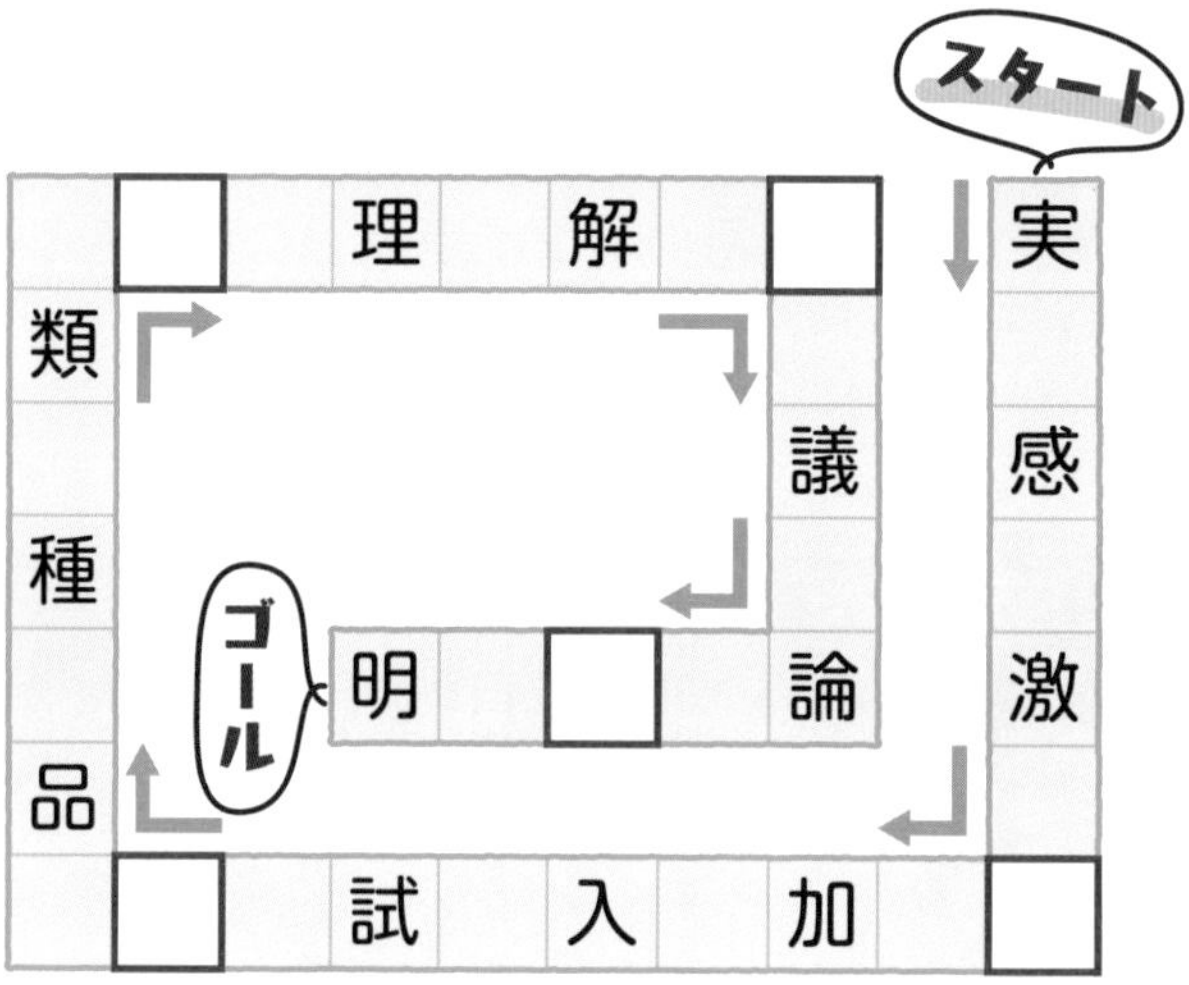

型 決 作 証
推 増 模

4 お似合いなのは？〈四字熟語〉

正しい四字熟語を作りましょう。

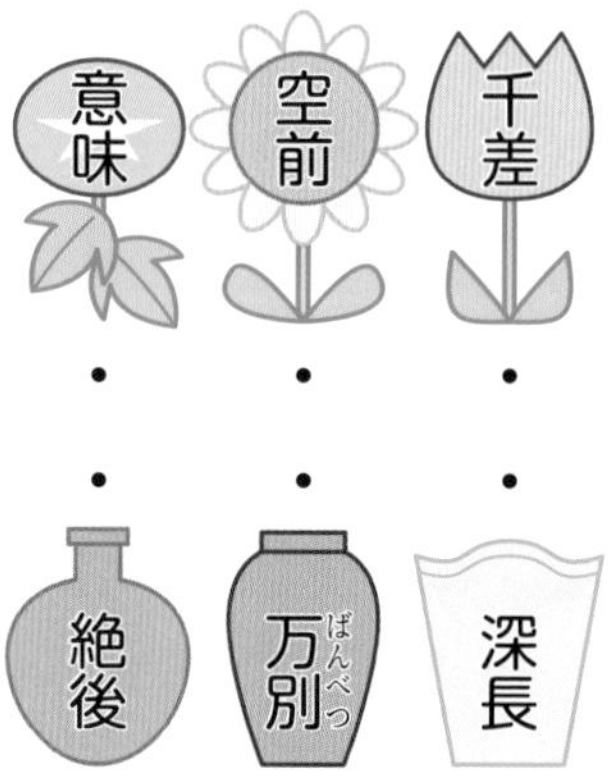

5 どんな意味？〈慣用句・ことわざ〉

①は似た意味の慣用句を、②は反対の意味のことわざを選びましょう。

① 目が高い
ア 目がきく　イ 目がない
ウ 目を細める

② 石橋をたたいて渡《わた》る
ア 転ばぬ先のつえ
イ 案ずるより産むが易《やす》し
ウ 後悔《こうかい》先に立たず

〈答え〉 1 ウ（ア4画＋5画、イ4画＋6画、ウ5画＋7画、エ3画＋8画） 2 ①期・機 ②異・移 ③開・明・空 3 模型 4 千差万別・空前絶後・意味深長 5 ①ア ②イ

2 文法

文法の基本要素

- 言葉の単位（文節・単語）
- 文の成分（文節の働き）
- 品詞（単語の種類）

文法が大事！

10 文節や単語に分けよう

言葉の単位

「雨!」と「雨が降る。」「文」とよべるのは? 答 まとまった内容を表す一続きの言葉が文だから、どちらも文。一語でも文だよ。

要点はここ

★**言葉はどんなまとまりに分けられるの?**

言葉のまとまりは、大きい順に次のような単位になります。

❶文章→❷段落→❸文→❹文節→❺単語

1 文章

2 段落

庭に一本の背の高い木がある。さるすべりの木だ。③文

八月の終わりごろ、赤い花をさかせる。

さるすべりの樹皮は、表面がなめらかでつやがある。

さるが登ろうとしてもすべってしまうことから、その名がついたそうだ。

❹**文節**…文を、発音や意味が不自然にならないように、できるだけ短く区切ったまとまり。

❺**単語**…文節をさらに細かく分けた、意味をもつ言葉としての最小の単位。

庭
に
一本
の
の
背
が
高い
木
ある

単語の種類
- ○単独で文節を作ることができる単語。
- ■別の単語に付いて、文節の一部になる単語。

庭|に/一本|の/背|の/高い/木|が/ある。（各区切り：文節／単語）

「に・の・が」は、別の単語に付いて、文節の一部になる単語。

例題と考え方

例題 次の文を単語に分け、|で区切りましょう。

バスが児童公園の前を通過する。

(1) まず、文節に区切ります。話し口調で「ね」などを入れて、不自然でないところを探しましょう。

バスが(ね) 児童公園の(ね) 前を(ね) 通過する(ね)。（文節）

(2) 次に、文節を、単独で文節を作ることができる単語(それ一語だけで意味のわかる単語)と、その単語に付いている単語に分けます。

バス が 児童公園 の 前 を 通過する。

○それ一語だけで意味のわかる単語

▢の単語に付いている単語

「児童公園」は一語で、児童用の公園のこと。「児童」と「公園」に分けると、意味がちがってしまうよ。

ここもたいせつ 「児童公園(児童+公園)」「通過する(通過+する)」のように、二つ以上の単語が結び付いて、新たな意味をもつようになった語(複合語)は、全体で一単語です。

例題の答え バス|が|児童公園|の|前|を|通過する。

勉強した日　月　日

練習問題

↓答えは別冊5ページ

1 次の文章は、いくつの文からできていますか。漢数字で答えましょう。

「気をつけて帰ってね。」私は、駅の改札口で竹本《たけもと》さんを見送った。自動改札をぬけた竹本さんは立ち止まり、手をふった。

（　　）つ

ヒント 文の最後には「。」が付く。会話文も一文として数えるよ。

2 文を文節に正しく区切っているものを、一つずつ選びましょう。

①
- ア 先週の日曜日、／ぼくは／テニスをした。
- イ 先週の／日曜日、／ぼくは／テニスをした。
- ウ 先週の／日曜日、／ぼくは／テニスを／した。

（　　）

②
- ア 秋谷《あきたに》さんと／同じバレエ／教室に／通う。
- イ 秋谷さんと／同じ／バレエ教室に／通う。
- ウ 秋谷／さんと／同じ／バレエ／教室に／通う。

（　　）

ヒント ②「ね」を入れて、「秋谷（ね）さん（ね）」とすると、不自然なので、「秋谷さん」は一まとまり。

3 次の文を、例にならって、文節に区切りましょう。

例 図書館で／本を／借りる。

① ゆかに落ちた消しゴムを拾う。

② 学校の近くに大きな書店がある。

③ おなかをすかせた犬たちが鳴き始めた。

4 次は文節に区切った文です。この中から、一単語で一文節を作っているものを、すべてぬき出しましょう。

目の／前に／広がる／美しい／景色を／じっくり／ながめる。

（　　）

ヒント それ一語だけで意味のわかる言葉を探そう。その言葉の下に付いている言葉がなければ、一単語で一文節だ。

5 次の文を、例にならって、単語に区切りましょう。

例 図書館｜で｜本｜を｜借りる。

① 新しいかばんとくつを買う。

② 明日の朝まで雨は降り続く。

③ クッキーを焼くあまいにおいがする。

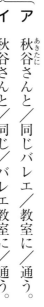

11 主語・述語・修飾語《しゅうしょく》を見分けよう

文の成分・文節と文節の関係

「鳥が高く飛ぶ。」の文で、「飛ぶ」をくわしく説明している文節は？
答「どのように」飛ぶのかを表している「高く」。これが修飾語《しゅうしょく》よ。

要点はここ

★文の成分とは？

文の成分とは、文節を、文の中での働きから分類したものです。文の成分には、次の五種類があります。

❶主語…「何が」「だれが」に当たる文節。
❷述語…「どうする」「どんなだ」「何だ」「ある・いる」「ない」に当たる文節。
❸修飾語《しゅうしょく》…他の文節をくわしく説明する文節。

例 少年が（主語・だれが）　ボールを（修飾語・何を）　ける。（述語・どうする）

❹接続語…文と文、文節と文節をつなぐ文節。
❺独立語…他の文節と直接結び付きがない文節。

例 ねえ（独立語・呼びかけ）、いい天気だよ。だから（接続語・文と文をつなぐ）、外で遊ぼう。

※二つ以上の文節がまとまって一つの文の成分となるものを、連文節といいます。連文節の場合は、「主部・述部・修飾部・接続部・独立部」とよびます。

例 少年が　白い　ボールを（修飾部（連文節））　ける。

例題と考え方

例題 次の――線の文節と文節の関係を、後から選びましょう。

① 駅前に　広場が　ある。
② 弟が　冷たい　水を　飲む。
③ 犬や　ねこが　遊ぶ。
④ 花が　さいて　いる。

ア 修飾《しゅうしょく》・被《ひ》修飾の関係（修飾される）
イ 補助の関係
ウ 主語・述語の関係
エ 並立《へいりつ》の関係

● 文節どうしのつながりを確かめます。

① 駅前に　広場が（主語）　ある。（述語）
「何が―ある」の文型。
→主語・述語の関係

② 弟が　冷たい（修飾する文節）　水を（修飾される文節）　飲む。
「冷たい」が「水（を）」をくわしく説明している。
→修飾・被修飾の関係

③ 犬や　ねこが（対等）　遊ぶ。
「ねこや犬が」と言いかえても意味が変わらない。
→並立の関係

④ 花が　さいて　いる。（「〜て（で）〜」の形）
「いる」は、本来の意味がうすれ、上の文節に「〜の状態が続く」の意味を補っている。
→補助の関係

③「犬やねこが」は主部、④「さいている」は述部になるよ。

例題の答え ①ウ　②ア　③エ　④イ

練習問題

➡答えは別冊5ページ

1 次の──線の文節は、文の成分としては何に当たりますか。後から一つずつ選びましょう。

① つかれたので、ベンチで 休む。（　　）
② 起きる 時間を しっかり 確かめる。（　　）
③ ああ、とても 美しい 音色だ。（　　）
④ 家の 近所に 商店街が ない。（　　）
⑤ 来週の 月曜日から 読書週間が 始まる。（　　）

ア 主語　**イ** 述語　**ウ** 修飾語《しゅうしょくご》
エ 接続語　**オ** 独立語

2 次の文から、Ⓐ…主語と、Ⓑ…述語をぬき出しましょう。

① 池に、金魚が たくさん いる。
Ⓐ（　　）Ⓑ（　　）
② 兄は、来年の 四月から 高校生だ。
Ⓐ（　　）Ⓑ（　　）
③ 朝から、気温が とても 高い。
Ⓐ（　　）Ⓑ（　　）
④ バスが 少しずつ 速度を 上げる。
Ⓐ（　　）Ⓑ（　　）

基本的な文の型は、「何が—どうする」「何が—どんなだ」「何が—何だ」「何が—ある（いる・ない）」の四つ。

3 次の□で囲んだ文節と〔　〕で示した関係にある文節を、ア〜ウから一つ選びましょう。

① アテーブルに 皿と イコップを ウ置く。〔並立《へいりつ》の関係〕（　　）
② アベランダに イシャツを ほして ウおく。〔補助の関係〕（　　）
③ ア雲が ぽっかりと イ空に ウうかぶ。〔修飾・被《ひ》修飾の関係〕（　　）

①「皿と」と対等な文節はどれ？　②「ほして」に意味を補っている文節はどれ？

4 次の──線の二つの文節が連文節でないものを、次から一つ選びましょう。

ア この 店の 料理は 安くて おいしい。
イ 妹が 私の 服を 着て みる。
ウ 母が 旅行の 準備を すっかり 終える。
（　　）

連文節は意味のうえでまとまっていて、一つの文の成分（ここでは述部）になるから、切りはなせないよ。

12 品詞を分類しよう

「行く」を、「ない」に続く形に言いかえると？　答「行か（ない）」。
このように形が変化することを、「活用」というのよ。

要点はここ

★品詞とは？

品詞とは、単語を、性質や働きによって分類したものです。次の十種類があります。

品詞分類表

- 単語
  - 自立語（単独で文節を作ることができる）
    - 活用しない
      - 主語になる（体言） → ①名詞　海・日本
      - 修飾語《しゅうしょく》になる
        - 主に用言を修飾 → ②副詞　とても
        - 体言だけを修飾 → ③連体詞　小さな
      - 接続語になる → ④接続詞　だから
      - 独立語になる → ⑤感動詞　いいえ
    - 活用する
      - 述語になる（用言）　（言い切りの形の終わりが…）
        - ウ段の音 → ⑥動詞　食べる
        - 「い」 → ⑦形容詞　楽しい
        - 「だ・です」 → ⑧形容動詞　静かだ
  - 付属語（単独では文節を作ることができない）
    - 活用しない → ⑨助詞　学校は
    - 活用する → ⑩助動詞　見たい

※活用…後に続く単語によって形が変化すること。

例題と考え方

例題　次の──線の単語から、動詞をぬき出しましょう。

明るく　元気に　歌　を　歌お　う。

(1) 自立語を探します。

・自立語は、単独（それ一語だけ）で文節を作ることができます。

・一文節に一つだけ、文節の頭にあります。

明るく／元気に／歌／を／歌お／う。

（自立語：明るく・元気に・歌・歌お　付属語：を・う）

(2) 活用する単語を探します。

「ナイ」「タ」を付けてみる

明るくナイ　明るかッタ

元気でナイ　元気だッタ

歌わナイ　歌ッタ

形が変わる＝活用する！

(3) 言い切りの形に直します。ウ段の音で終わるのが動詞です。

明るく→明るい（「い」で終わる）　元気に→元気だ（「だ」で終わる）　歌お→歌う（ウ段の音で終わる）

例題の答え　歌お

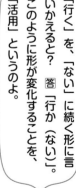

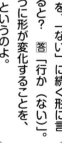

練習問題

➡答えは別冊5ページ

1 次の文は、／で文節に区切ってあります。例にならって、自立語には――線、付属語には〰〰線を引きましょう。

例 居間で／テレビを／見る。

① 兄が／家の／周りを／ゆっくり／散歩する。

② 今週から／暖かい／日が／続くらしい。

付属語は、自立語の後に付いて、自立語とともに文節を作るよ。一文節に一つもない場合や、二つ以上ある場合もあるよ。

2 次の品詞を、後の表に入れて分類しましょう。

名詞　副詞　連体詞　接続詞　感動詞
動詞　形容詞　形容動詞　助詞　助動詞

	活用しない	活用する
自立語	①	②
付属語	③	④

3 次の単語から、活用する自立語（用言）を四つ選びましょう。

ア それとも　イ 起こす　ウ おはよう
エ 素直《すなお》だ　オ 出かける　カ すっかり
キ あの　ク 思い出　ケ おもしろい

（　　）（　　）（　　）（　　）

後に「ナイ」や「タ」を付けて、自然に形が変われば、活用する単語だよ。

4 次の――線①～⑩の品詞を、後から一つずつ選びましょう。

・①おいしいいちご②をたくさん③食べ④たい。
・⑤ああ、これくらい⑥のけがなら、⑦たいしたことはない。⑧けれど、傷口は⑨ていねいに⑩消毒しておいたほうがいい。

ア 名詞　イ 副詞　ウ 連体詞
エ 接続詞　オ 感動詞　カ 動詞
キ 形容詞　ク 形容動詞
ケ 助詞　コ 助動詞

①（　　）②（　　）③（　　）④（　　）
⑤（　　）⑥（　　）⑦（　　）⑧（　　）
⑨（　　）⑩（　　）

自立語か付属語か、活用するかしないかを見分けたら、言い切りの形や、どんな文の成分になっているかを確かめよう。

まとめのテスト1

勉強した日　月　日

得点　/100点

答えは別冊6ページ

1 次の文章は、Ⓐ…いくつの段落からできていますか。また、Ⓑ…いくつの文からできていますか。漢数字で答えなさい。　4点×2（8点）

「最後まであきらめるな」と、自分に言いきかせる。ぼくらは必死でボールを追いかける。

試合終了《しゅうりょう》まで、五分あまり。相手チームは完全に守りの態勢に入っている。ぼくらがボールをうばえないまま、時間が過ぎていく。

ピッピーと試合終了を告げるホイッスルが鳴った。

Ⓐ（　　）つ　Ⓑ（　　）つ

2 次の文を、例にならって、文節と単語に区切りなさい。　完答4点×4（16点）

例　（文節）学校へ／行く。
　　（単語）学校｜へ｜行く。

①（文節）昼から夕方までのんびり過ごす。
　（単語）昼から夕方までのんびり過ごす。

②（文節）旅行の楽しい思い出を記録する。
　（単語）旅行の楽しい思い出を記録する。

3 次の――線の文節どうしの関係を、後から一つずつ選び、記号で答えなさい。　4点×4（16点）

① 頭が　痛かったので、薬を　飲んだ。（　　）
② 細くて　険しい　山道を　登る。（　　）
③ 歌って　いたのは、合唱部の　人たちだ。（　　）
④ 始発の　電車は、午前五時に　出る。（　　）

ア 主語・述語の関係　イ 修飾《しゅうしょく》・被《ひ》修飾の関係
ウ 並立《へいりつ》の関係　エ 補助の関係

4 次の――線の文節どうしの関係が主語・述語の関係にあるものには○を、修飾・被修飾の関係にあるものには△を書きなさい。　4点×3（12点）

① 今日は　くもって　いて、気温も　低い。（　　）
② 手を　貸してと、ぼくは　兄に　たのんだ。（　　）
③ この　町には、書店が　全然　ない。（　　）

5 次の——線は、文の成分としては何に当たりますか。後から一つずつ選び、記号で答えなさい。

4点×5（20点）

① 小林《こばやし》さん、いっしょに図書館へ行こうよ。（　　）
② 夕日が山の向こうにしずんでいく。（　　）
③ 急に激しい雨が降ってくる。（　　）
④ 駅に着いた。しかし、だれも来ていない。（　　）
⑤ 弟と妹は、ゲームに夢中だ。（　　）

ア 主語　イ 主部　ウ 述語　エ 述部
オ 修飾語　カ 修飾部　キ 接続語　ク 接続部
ケ 独立語　コ 独立部

6 次の——線の単語から、後の①・②に当たるものをすべて選び、記号で答えなさい。

完答4点×2（8点）

［ア］ある日曜日、よく［イ］晴れていた［ウ］ので、［エ］散歩に出かけ［オ］た。［カ］さわやかな春［キ］の風がふいていて、［ク］とても［ケ］すがすがしかった。どこまでも歩いていけ［コ］そうだ。

① 活用する自立語（　　）
② 活用する付属語（　　）

7 次の品詞に当てはまらない単語を、それぞれ一つずつ選び、記号で答えなさい。

4点×5（20点）

① 名詞 ア 授業　イ 仲間　ウ 学校　エ 勉強する（　　）
② 副詞 ア はっきり　イ すばらしい　ウ もっと　エ ふわふわ（　　）
③ 接続詞 ア けれども　イ だから　ウ なぜなら　エ しばらく（　　）
④ 感動詞 ア 元気だ　イ ねえ　ウ もしもし　エ さようなら（　　）
⑤ 形容動詞 ア 静かだ　イ きれいだ　ウ 正直だ　エ 美しい（　　）

プラスワン 複合語の成り立ちにも注目！

二つ以上の単語が結び付いて新たな意味をもつようになった単語は複合語といい、一単語として考えるのでしたね。その単語が複合語かどうか見分けるときは、成り立ちにも注目してみましょう。

●上の単語の形が変わるもの
・飛ぶ＋回る → 飛び回る
・細い＋長い → 細長い

●発音の一部が変わるもの
・言葉＋つかい → 言葉づかい
・雨《あめ》＋宿り → 雨《あま》宿り

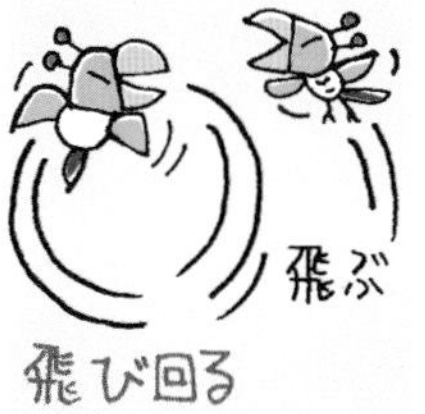

13 名詞の働きを知ろう

名詞

「私の名前は幸子《さちこ》だ。」の文から名詞をぬき出すと？ 答 「私・名前・幸子」の三つ。人名や地名を表す言葉以外にも名詞はあるよ。

要点はここ

1 名詞とは？

❶ 生き物・物・事を表す。体言ともいう。
❷ 自立語で活用しない。
❸ 「が」などを付けて主語になるほか、述語・修飾《しゅうしょく》語・接続語・独立語にもなる。

例 南さん、ぼくはかれと親友だ。親友だが、けんかもする。
（南さん＝名詞・独立語／ぼく＝名詞・主語／かれ＝名詞・修飾語／親友＝名詞・述語／親友だが＝名詞・接続語／けんか＝名詞・修飾語）

2 名詞には、どんな種類があるの？

普通《ふつう》名詞	一般《いっぱん》的な物事の名前を表す。 例 川 勉強 テレビ 運動会
代名詞	人・物・場所・方向などを指し示す。 例 これ そこ あちら 私 かれ
固有名詞	人名・地名など、特定の物事の名前を表す。 例 太宰治《だざいおさむ》 横浜《よこはま》 源氏物語《げんじものがたり》
数詞	物の数や順序を表す。数字をふくむ。 例 一つ 二人 五番目 十二月
形式名詞	本来の意味がうすれ、上に連体修飾語が付く。 例 行くとき〈「行く」が連体修飾語（＝体言を修飾）〉

例題と考え方

例題 次の——線の単語のうち、形式名詞を選びましょう。

ア 時計で正確な時を知る。
イ 小学生のときはよく遊んだ。

(1) 本来の意味と言いかえられるかどうかを確かめます。

ア 時計で正確な時を知る。 ○時間
↑本来の意味で使われている。
↓普通《ふつう》名詞

イ 小学生のときはよく遊んだ。 ×時間
↑本来の意味がうすれ、「そういう状態のころ」という意味を表している。
↓形式名詞

(2) 上の連体修飾《しゅうしょく》語をはぶき、意味が通るかどうかを確かめます。

ア 時計で正確な時を知る。
意味が通る。
↓普通名詞

イ 小学生のときはよく遊んだ。
意味が通らない。
↓形式名詞

形式名詞には抽象《ちゅうしょう》的な意味しかないので、上の連体修飾語がないと、意味が通らなくなるよ。

例題の答え イ

練習問題

➡答えは別冊6ページ

1 次の単語から、名詞を四つ選びましょう。

ア しかし　イ 二年生
ウ 厳しい　エ じっくり
オ 教室　カ あなた
キ 北極星　ク 不思議だ

（　）（　）（　）（　）

まず活用しない単語を探そう。そして、その単語に直接「が」を付けて、主語にできるかどうかを確かめよう。

2 次の――線は名詞をふくむ文節です。文の成分としては何に当たりますか。後から一つずつ選びましょう。

① 全校生徒が　体育館に　集まる。（　）
② 鈴木《すずき》さんは　映画に　くわしい。（　）
③ 学年で　最も　足が　速いのは　かれだ。（　）

ア 主語　イ 述語
ウ 修飾《しゅうしょく》語　エ 接続語
オ 独立語

3 次の種類の名詞を、後から一つずつ選びましょう。

① 普通《ふつう》名詞　ア 山脈　イ 富士山《ふじさん》　ウ 日本海（　）
② 代名詞　ア どちら　イ 第三回　ウ おじさん（　）
③ 固有名詞　ア レタス　イ ロンドン　ウ サッカー（　）
④ 数詞　ア 私　イ 三重《みえ》県　ウ 十冊（　）
⑤ 形式名詞（――線が形式名詞のものを選びましょう。）（　）
ア ねるときは電気を消す。　イ 交差点を右に曲がる。
ウ それを手に入れる。

③の固有名詞は、特定の物事につけられた名前。世界に一つだけのものはどれかな？

4 次の――線のうち、形式名詞を一つずつ選びましょう。

① ア 初心者には難しいものらしい。
　 イ 大きなものから先に運びこむ。（　）
② ア 日の当たるところに植木鉢《ばち》を置く。
　 イ 今から家に帰るところだ。（　）

①「物体」、②「場所」が本来の意味。本来の意味がうすれてしまっているのが形式名詞。

14 副詞・連体詞の働きを知ろう

副詞・連体詞

体言（名詞）だけを修飾《しゅうしょく》するのは、副詞？ それとも連体詞？
答 連体詞。連体詞は、体言に連《つら》なる語という意味なんだ。

勉強した日　月　日

要点はここ

1 副詞とは？

❶「どのように・どのくらい」（状態・程度）を表す。
❷ 自立語で活用しない。
❸ 主に用言（動詞・形容詞・形容動詞）を修飾《しゅうしょく》する。

2 副詞には、どんな種類があるの？

状態の副詞	「どのように」を表す。 例 すぐ 笑う。（用言） きらきら 光る。（用言） 擬声《ぎせい》語・擬態語は状態の副詞
程度の副詞	「どのくらい」を表す。 例 もっと 飛ぶ。（用言） かなり 昔。（体言） 体言や副詞を修飾することもある。
呼応の副詞	下に決まった言い方がくる。 例 まるで 雪のようだ。〈たとえ〉 決して 忘れない。〈否定（打ち消し）〉

どのように
じっくり 考える。
（状態）
どのくらい
とても 難しい。
（程度）

3 連体詞とは？

❶「どの・どんな」を表す。 例 この 大きな あらゆる
❷ 自立語で活用しない。
❸ 体言（名詞）だけを修飾する。 例 その 机を 運ぶ。
体言（をふくむ文節）を修飾

例題と考え方

例題 次の——線の単語のうち、連体詞を選びましょう。

ア おかしな話を聞く。
イ 駅までゆっくり歩く。
ウ ずっと前からある。

(1) 体言（名詞）をふくむ文節を修飾《しゅうしょく》しているものを探します。

ア おかしな 話を 聞く。（名詞）
イ 駅まで ゆっくり 歩く。（動詞）
ウ ずっと 前から ある。（名詞）

(2)「どの・どんな」を表しているかを確かめます。

ア おかしな 話を 聞く。（どんな） → 連体詞
ウ ずっと 前から ある。（どのくらい） → 副詞

程度の副詞は、「場所・方向・時間」を表す体言も修飾する。

連体詞は体言だけを修飾するよ。用言を修飾しているイ「ゆっくり」は副詞だね。

ここもたいせつ 体言をふくむ文節を修飾する語を「連体修飾語」、用言をふくむ文節を修飾する語を「連用修飾語」というよ。

例題の答え ア

練習問題

➡答えは別冊6ページ

1 次の——線の副詞が修飾《しゅうしょく》している文節を、一文節でぬき出しましょう。

① かみなりがゴロゴロと鳴る。（　　）

② 夜になると、ずいぶん静かだ。（　　）

③ もっと後ろまでボールを投げる。（　　）

2 次の——線の語に気をつけて、□に当てはまる呼応の副詞を、後から一つずつ選びましょう。

① □うそはつかないとちかう。（　　）

② □夢のように楽しい時間だった。（　　）

③ あなたに□参加してほしい。（　　）

④ □みんなに反対されても、やり通す。（　　）

ア まるで　イ ぜひ　ウ たとえ　エ 決して

——線の語はそれぞれ、①は否定（打ち消し）、②はたとえ、③は希望、④は仮定の意味を表すよ。

3 次の——線の連体詞が修飾している文節を、一文節でぬき出しましょう。

① いろんな音楽に興味がある。（　　）

② その道具は倉庫にしまってください。（　　）

③ ある晴れた日の出来事だった。（　　）

連体詞は、体言である名詞や、名詞をふくむ文節を修飾するよ。

4 次の——線の単語の品詞を、後から一つずつ選びましょう。

① A 大きな箱に荷物をつめる。（　　）
B 看板が大きいので目立つ。（　　）

② A これは、友達からもらった筆箱だ。（　　）
B このかばんは、どこで買いましたか。（　　）

③ A 早く帰りたい、そう思った。（　　）
B そこの角を曲がると、公園がある。（　　）

ア 名詞　イ 副詞　ウ 連体詞　エ 形容詞

②こそあど言葉は、「あれが学校だ。」のように「が」を付けて主語になれば名詞。体言（名詞）を修飾していれば連体詞。

15 動詞の働きと活用を知ろう

「本を読みます。」の「ます」を取って、文を言い切ると？
答 「本を読む。」「読む」が言い切りの形で、終止形というのよ。

勉強した日　月　日

要点はここ

1 動詞とは？

❶ 「どうする（動作）・どうなる（作用）・ある（存在）」を表す。

❷ 自立語で活用する。用言の一つ。

❸ 言い切りの形がウ段の音で終わる。

ウ段の音　う・く・す・つ・ぬ・ふ・む・ゆ・る　など

例　笑う　歩く　走る

❹ それだけで述語になる。

例　犬が（主語）　歩く。（動詞・述語）

2 動詞はどのように活用するの？

活用のしかたは五種類、活用形は六つあります。

活用の種類	基本形	活用形／語幹《ごかん》	未然形	連用形	終止形	連体形	仮定形	命令形
		続き方	—ない —う —よう	—ます —た —て	—。	—とき —ので	—ば	—。
五段活用	歩く	ある	—か —こ	—き —い	—く	—く	—け	—け
上一段《かみいちだん》活用	起きる	お	—き	—き	—きる	—きる	—きれ	—きろ —きよ
下一段《しもいちだん》活用	受ける	う	—け	—け	—ける	—ける	—けれ	—けろ —けよ
カ行変格活用（カ変）	来る	○	こ	き	くる	くる	くれ	こい
サ行変格活用（サ変）	する	○	し（ない） せ（ぬ） さ（れる）	し	する	する	すれ	しろ せよ

「お役立ちミニブック」10ページへ

例題と考え方

例題　次の動詞の活用の種類を、上の表から選びましょう。

① 話す　② 借りる　③ 食べる

(1) カ行変格活用・サ行変格活用に当たるかを確かめます。

・カ変の動詞…「来る」一語だけ。

・サ変の動詞…「する」と「〜する」の形の動詞だけ。

(2) 「ない」を付けて未然形にして、その語尾《ごび》の音を確かめます。

① 話さ（sa）ない　ア段の音　ア・イ・ウ・エ・オの五段で活用する五段活用

② 借り（ri）ない　イ段の音　イ段で活用する上一段《かみいちだん》活用

③ 食べ（be）ない　エ段の音　エ段で活用する下一段《しもいちだん》活用

語幹
形の変化しない部分を語幹、変化する部分を活用語尾というよ。
話
さ
活用語尾
話
し

ここもたいせつ

「見ナイ」「見マス」と活用する「見る」のように、語幹《ごかん》と活用語尾が区別できないものもあります。

例題の答え　①五段活用　②上一段活用　③下一段活用

練習問題

⬇答えは別冊7ページ

1 次の単語から、動詞を三つ選びましょう。

ア 捨てる　イ しばらく　ウ 出席する
エ 落ち葉　オ 続く　カ うれしい

（　　）（　　）（　　）

まず活用する単語を探そう。そして、言い切りの形がウ段の音で終わっているかどうかを確かめよう。

2 次の動詞の活用表の①～⑫に当てはまる平仮名《ひらがな》を書きましょう。

活用の種類	基本形	活用形 語幹《ごかん》／続き方	未然形	連用形	終止形	連体形	仮定形	命令形
			―ない ―う ―よう	―ます ―た ―て	―。	―とき ―ので	―ば	―。
五段活用	読む	よ	―ま ―①（　）	―み ―ん	―む	―②（　）	―め	―③（　）
上一段《かみいちだん》活用	生きる	い	―き	―④（　）	―きる	―きる	―⑤（　）	―きろ ―きよ
下一段《しもいちだん》活用	止める	と	―⑥（　）	―⑦（　）	―める	―める	―めれ	―めろ ―めよ
カ行変格活用	来る	○	⑧（　）	き	くる	⑨（　）	くれ	⑩（　）
サ行変格活用	する	○	し せ さ	⑪（　）	する	する	⑫（　）	しろ せよ

3 次の動詞の活用の種類を、後から一つずつ選びましょう。

① 信じる（　　）　② 来る（　　）
③ 飛ぶ（　　）　④ 燃える（　　）
⑤ 勉強する（　　）

ア 五段活用　イ 上一段活用　ウ 下一段活用
エ カ行変格活用　オ サ行変格活用

③「飛ぶ」と「飛べる」は別の動詞。「飛ぶ」は、「飛べない」ではなくて、「飛ばない」と活用するよ。

4 次の――線の動詞の活用形を書きましょう。

・まだ借り①たことのない本を借りる②。

①（　　形）　②（　　形）

・練習し③する人と練習し④ない人との差が表れる。

③（　　形）　④（　　形）

・勝て⑤。勝てば⑥、次は決勝戦だ。

⑤（　　形）　⑥（　　形）

活用形は、下に続いている言葉で見分けるよ。また、終止形は言い切る形、命令形は命令して言い切る形だよ。

16 形容詞・形容動詞の働きを知ろう

形容詞・形容動詞

形容詞「強い・激しい・楽しい」のうち、活用のしかたが異なるのは？
答 すべて同じ。「〜い」と「〜しい」の形で異なるわけではないよ。

勉強した日　　月　　日

要点はここ

1 形容詞・形容動詞とは？

❶「どんなだ」（状態・性質）を表す。

❷ 自立語で活用する。用言。

❸ 言い切りの形 { 形容詞…「い」で終わる。 / 形容動詞…「だ・です」で終わる。

❹ それだけで述語になる。（‖主語　―述語）

〈形容詞〉 例 外が明るい。　運動は楽しい。

〈形容動詞〉 例 自然が豊かだ。　姉は元気です。

形容詞
明るい
楽しい
形容動詞
豊かだ
元気です

2 形容詞・形容動詞はどのように活用するの？

活用のしかたは形容詞は一種類、形容動詞は二種類です。

品詞	基本形	活用形 語幹《ごかん》／続き方	未然形	連用形	終止形	連体形	仮定形	命令形
			ーう	ーた ーない ーなる	ー。	ーとき ーので	ーば	ー。
形容詞	明るい	あかる	ーかろ	ーかっ ーく ーう	ーい	ーい	ーけれ	○
形容詞	楽しい	たのし						
形容動詞	豊かだ	ゆたか	ーだろ	ーだっ ーで ーに	ーだ	ーな	ーなら	○
形容動詞	元気です	げんき	ーでしょ	ーでし	ーです	（ーです）	○	○

「お役立ちミニブック」11ページへ

例題と考え方

例題 次の―線の単語のうち、形容動詞を選びましょう。
ア 暖かい風がふく。　イ 暖かな風がふく。

(1) 活用語尾《ごび》に注目します。

ア 暖か(い)風がふく。（活用語尾）
イ 暖か(な)風がふく。（活用語尾）
体言（名詞）に続いているので、連体形

(2) 形容詞・形容動詞のどちらの連体形に当たるかを確かめます。

・「い」↑形容詞の連体形の活用語尾
・「な」↑形容動詞の連体形の活用語尾

形容動詞の連体形は必ず覚えておこう！

(3) 言い切りの形も確かめておきましょう。

ア 風が暖かい。↓「い」で終わる。↓形容詞
イ 風が暖かだ。↓「だ」で終わる。↓形容動詞

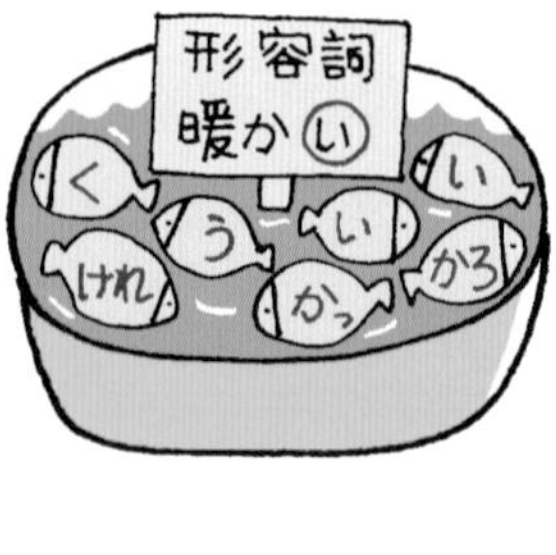

形容詞
暖かい
い
く
う
い
かろ
けれ
かっ

形容動詞
暖かだ
に
だっ
な
だ
で
なら
だろ

例題の答え　イ

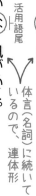

練習問題

➡答えは別冊7ページ

1 次の単語から、Ⓐ…形容詞、Ⓑ…形容動詞を、それぞれ三つずつ選びましょう。

ア 苦しい　**イ** 好きだ　**ウ** 温める
エ かわいい　**オ** 危険だ　**カ** 少ない
キ 大きな　**ク** 静かです

Ⓐ（　　）（　　）（　　）
Ⓑ（　　）（　　）（　　）

2 次の文から、〔　〕で示した単語を一つずつぬき出し、終止形に直して書きましょう。

① 文章の要点を短くまとめる。〔形容詞〕（　　）
② おもしろかった本を紹介《しょうかい》する。〔形容詞〕（　　）
③ 目の前に真っ青な海が広がる。〔形容動詞〕（　　）
④ 温かな話を聞いて、優《やさ》しい気持ちになる。〔形容動詞〕（　　）

④の文には、形容詞と形容動詞の両方があるので、気をつけよう。「～だ」の形に直せるのはどれかな。

3 次の――線の形容詞の活用形を書きましょう。

・練習はとても厳しくて①、つらかった②。
・どんなに安かろう③と、品質が悪けれ④ば困る。
・みんなと楽しい⑤時間を過ごしたので、もうさびしく⑥ない。

①（　　）形　②（　　）形
③（　　）形　④（　　）形
⑤（　　）形　⑥（　　）形

⑥「ない」は、動詞では未然形に付くけれど、形容詞ではちがう活用形に付くよ。気をつけよう。

4 次の（　）に当てはまるように「きれいだ」を活用させ、活用語尾《ごび》を書きましょう。

① 川の水はとてもきれい（　　）た。
② 今ごろ、満開の桜がきれい（　　）う。
③ 机の上がきれい（　　）ば、仕事がはかどる。
④ きれい（　　）色のくつを買う。

17 助詞を見分けよう

勉強した日　月　日

助詞

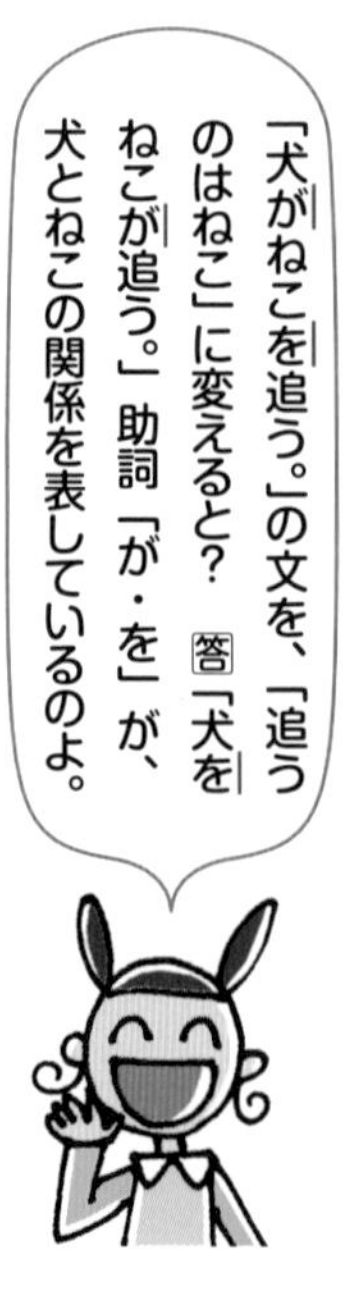

「犬がねこを追う。」の文を、「追うのはねこ」に変えると？ 答「犬をねこが追う。」助詞「が・を」が、犬とねこの関係を表しているのよ。

要点はここ

1 助詞とは？

❶ 意味を付け加えたり、語句と語句との関係を示したりする。
❷ 付属語で活用しない。いろいろな語の後に付く。

例 昨日（文節）より（助詞）も（助詞）　気温（文節）が（助詞）　高い（文節）よ（助詞）。

2 助詞には、どんな種類があるの？

格助詞	主に体言に付き、後に続く言葉との関係を示す。 例 空が（主語）青い。兄に（相手）相談する。公園で（場所）遊ぶ。
副助詞	いろいろな語に付き、意味を付け加える。 例 犬は（取り立てる）好きだ。次こそ（強調）勝つ。一人だけ（限定）残る。
接続助詞	主に活用する語に付き、前後をつなぐ。 例 つかれたので（理由）休む。小さいのに（逆接）重い。
終助詞	文や文節の終わりに付き、気持ちや態度を表す。 例 そこを動くな（禁止）。問題は何か（疑問）。美しいなあ（感動）。

「お役立ちミニブック」12ページへ

例題と考え方

例題 次の「の」の働きを、後から一つ選びましょう。

兄の得意なスポーツは、野球だ。

ア 主語を作る　イ 連体修飾語《しゅうしょく》を作る
ウ 体言の代用（「代わり」という意味）　エ 並立《へいりつ》の関係を作る

(1) 後に続く言葉に注目します。「兄」と「得意な」の関係を考えます。

(2) 四つの働きの見分け方から確かめます。

ア…主語を示す「が」に言いかえられる。
例 兄の（→が）　得意な　スポーツは、……　→主語

イ…すぐ後に体言（名詞）がきて、それを修飾。
例 私の　弟は　小学生だ。　→連体修飾語

ウ…「〜（の）もの」「〜（の）こと」に言いかえられる。
例 あの　かさは　私の（→のもの）だ。　→体言の代用

エ…前後の言葉を入れかえても意味が変わらない。
例 寒いの　暑いのと　言う。　→並立の関係

主な格助詞
鬼《をに》が戸《と》より出《で》、からの部屋《へや》
と覚える！
いたぞ！
ワン
ワン

例題の答え　ア

練習問題

➡答えは別冊7ページ

1 次の——線の助詞の種類を、後から一つずつ選びましょう。

みんなと①いっしょならば②、どんなことも③楽しくなるよ④。

ア 格助詞　**イ** 副助詞
ウ 接続助詞　**エ** 終助詞

①（　）②（　）③（　）④（　）

2 次の——線の格助詞の働きを、後から一つずつ選びましょう。

①
A 川まで泳ぎに行く。（　）
B 氷がとけて水になる。（　）

ア 結果　**イ** 目的　**ウ** 相手

②
A 大阪《おおさか》まで飛行機で行く。（　）
B 台風で電車が運休になる。（　）

ア 場所　**イ** 手段　**ウ** 原因・理由

③
A 細かな作業をするのが得意だ。（　）
B 彼女《かのじょ》の家に電話をかける。（　）

ア 主語を作る　**イ** 連体修飾《しゅうしょく》語を作る　**ウ** 体言の代用

①イ「目的」なら「〜のために」、②ウ「原因・理由」なら「〜が原因で」と言いかえられるよ。

3 次の——線の副助詞の働きを、後から一つずつ選びましょう。

ぼくは十分ほど①前に家に帰ったばかり②で、かばんなど③何もかたづけていない。家には姉だけ④いた。

ア 限定　**イ** 強調
ウ 大体の程度　**エ** 例示
オ 動作の直後

①（　）②（　）③（　）④（　）

①は「十分くらい」、②は「帰ってすぐ」という意味を表しているよ。③・④も意味をよく考えてみよう。

4 次の——線のうち、接続助詞を一つずつ選びましょう。

①
ア 夕方になったが、まだ空は明るい。
イ コンクールに出品した絵が、入賞する。
ウ 旅行先で見た景色が、きれいだった。
（　）

②
ア 不注意から、荷物を落としてしまった。
イ 北海道《ほっかいどう》に住む親せきから、かにをもらう。
ウ おなかがすいたから、パンを食べよう。
（　）

——線の前に「。」を付けて二文に分けよう。「〜。けれど、〜。」「〜。だから、〜。」と言いかえられれば、接続助詞だよ。

18 助動詞を見分けよう

要点はここ

1 助動詞とは？

❶ 意味を付け加えたり、話し手・書き手の判断を表したりする。

❷ 付属語で活用する。いろいろな語の後に付く。

例 雨が（助詞）／降りそうだ（助動詞）けれど（助詞）、／降らない（助動詞）らしい（助動詞）。（文節／文節／文節）

2 どんな意味を表す助動詞があるの？

意味	助動詞
受け身・可能	れる られる
尊敬・自発	
使役《しえき》	せる・させる
希望	たい（話し手） たがる（話し手以外）
否定（打ち消し）	ない・ぬ（ん）
推量・意志・勧誘《かんゆう》	う・よう
過去・完了《かんりょう》 存続・想起（確認《かくにん》）	た
丁寧《ていねい》	ます
推定	らしい
推定 比喩《ひゆ》（たとえ）	ようだ ようです
様態・推定	そうだ そうです
伝聞	
否定（打ち消し）の意志 否定（打ち消し）の推量	まい
断定	だ・です

※推量…不確実なことを「たぶん〜だろう」と推《お》し量る意味。
推定…何かの根拠《こんきょ》にもとづいて、「どうやら〜だろう」と推し量る意味。
様態…「そのような様子が見られる」という意味。

「お役立ちミニブック」12ページへ

助動詞

「店は休みらしい。」の文を、断定する言い方に変えると？
答「店は休みだ。」 後に付く助動詞によって意味が変わるよ。

例題と考え方

例題 次の「ない」のうち、助動詞を一つ選びましょう。

ア 問題は易しくない。 イ ミスは一つもない。
ウ 店の場所を知らない。 エ バスの本数が少ない。

(1) 「ない」の部分を、同じ否定の意味を表す助動詞「ぬ」に置きかえてみます。

ア 易しくない→易しくぬ（×）
イ 一つもない→一つもぬ（×）
ウ 知らない→知らぬ→助動詞
エ 少ない→少ぬ（×）

サ変動詞の場合は、「しない」→「せぬ」と置きかえよう。

(2) 置きかえられない「ない」は何かを確かめておきましょう。

ア 易しく（は）ない→補助（形式）形容詞
（直前に「は・も」があるか、補える。）
イ 一つもない→形容詞
（「存在しない」という意味を表す。）
エ 本数が少ない→形容詞「少ない」の一部
（「ない」を取ると、意味が全く通らない。）

アは、「存在しない」という元の意味がうすれ、「易しい」を打ち消している。このように、元の意味がうすれ、上の語に意味をそえるのが補助形容詞。

例題の答え ウ

勉強した日 月 日

練習問題

➡答えは別冊7ページ

1 次の（　）に当てはまる［　］の意味を表す助動詞を、後から一つずつ選んで書きましょう。

① 妹が、私のゲームで遊び（　　）。［希望］

② もうすぐ雨が降り出し（　　）。［様態・推定］

③ 各自に歌いたい歌を選ば（　　）。［使役《しえき》］

せる　させる　たい　たがる　そうだ

「せる」は、五段活用とサ変動詞の未然形に付くよ。「たい」は話し手の希望を、「たがる」は、話し手以外の希望を表す。

2 次の「れる」「られる」の意味を、後から一つずつ選びましょう。

① 友達に肩《かた》をたたかれる。（　　）

② 先生が故郷に帰られる。（　　）

③ 模型なら、ぼくでも組み立てられる。（　　）

④ 子供のころのことが思い出される。（　　）

ア 受け身　イ 可能　ウ 尊敬　エ 自発

前に「だれかから」に当たる語があれば受け身、「自然と」が補えれば自発。尊敬は「お（ご）〜になる」に言いかえられる。

3 次の「う」「よう」の意味を、後から一つずつ選びましょう。

① みんなでリレーの練習を始めよう。（　　）

② 山の上の方は寒かろう。（　　）

ア 推量　イ 意志　ウ 勧誘《かんゆう》

推量は「たぶん」を、勧誘は「さあ」を前のほうに補える。決意など強い気持ちを表していれば意志だ。

4 次の「ようだ」のうち、「推定」の意味を表すものを一つ選びましょう。

ア 雨にぬれた花は泣いているようだ。

イ 冬なのに日差しが暖かく、春のようだ。

ウ となりの家は留守にしているようだ。

（　　）

前のほうに「どうやら」を補って、「どうやら……ようだ。」と言えれば推定。「まるで」を補えれば比喩《ひゆ》（たとえ）だよ。

5 次の「らしい」のうち、助動詞を一つ選びましょう。

ア 学生らしい服装を心がける。

イ お祭りは中止になったらしい。

ウ かれのかいた絵はすばらしい。

（　　）

前に「どうやら」を補えれば助動詞。「〜としてふさわしい」に言いかえられるものは、形容詞を作る接尾《せつび》語。

まとめのテスト2

勉強した日　月　日

得点　/100点

答えは別冊8ページ

1 次の――線の名詞の種類を、後から一つずつ選び、記号で答えなさい。　3点×6（18点）

①ぼくは、②写真をとることが好きだ。③旅行は写真をとるために④行くようなものだ。⑤九州に行ったときには⑥二百枚も写真をとった。

①（　）②（　）③（　）
④（　）⑤（　）⑥（　）

ア　普通《ふつう》名詞　イ　代名詞　ウ　固有名詞
エ　数詞　オ　形式名詞

2 次の――線の単語が修飾《しゅうしょく》している文節に、〜〜線を引きなさい。また、――線の単語が副詞なら○を、連体詞なら△を（　）に書きなさい。　2点×8（16点）

① 私はゆっくり公園を散歩した。（　）
② 母が部屋に小さなテーブルを置く。（　）
③ あらゆる状況《じょうきょう》を考えて、対策を立てる。（　）
④ かなり強く、くいにロープを結ぶ。（　）

3 次の――線の動詞について、活用の種類をA群から、活用形をB群から一つずつ選び、記号で答えなさい。　2点×10（20点）

・これだけ時間が①過ぎれば、もうだれも②来ないだろう。
①（　・　）②（　・　）

・発表会に③備えて、ピアノを④ひく練習を⑤しろ。
③（　・　）④（　・　）⑤（　・　）

A群　ア　五段活用　イ　上一段《かみいちだん》活用　ウ　下一段《しもいちだん》活用
　　　エ　カ行変格活用　オ　サ行変格活用

B群　a　未然形　b　連用形　c　終止形
　　　d　連体形　e　仮定形　f　命令形

4 次の――線の単語が形容詞なら○を、形容動詞なら△を書きなさい。また、活用形を3のB群から一つずつ選び、記号で答えなさい。　2点×10（20点）

・このほうきは、もっと柄《え》が①長ければ②便利だろう。
①（　・　）②（　・　）

・耕して、③かたい土を④やわらかくすることが⑤大切です。
③（　・　）④（　・　）⑤（　・　）

5 次の――線の助詞の種類を、後から一つずつ選び、記号で答えなさい。 2点×5（10点）

① 大人でも楽しめる絵本を出版する。

② どうすれば速く走れるの。

③ あまりの恐怖《きょうふ》から泣き出す。

④ 音楽をききながら、絵をかく。

⑤ 「ごめんなさい」とすぐに謝《あやま》る。

ア 格助詞　イ 副助詞　ウ 接続助詞　エ 終助詞

6 次の――線の語と文法上の働きが同じものを、それぞれ後から一つずつ選び、記号で答えなさい。 4点×4（16点）

① 友達となかなか都合が合わない。

ア 荷物はたいして重くない。
イ 一人では問題を解決できない。
ウ がんばる主人公の姿がせつない。
エ 地下室には窓が一つもない。

② 何もすることがなくて退屈《たいくつ》だ。

ア 市民プールで一時間ほど泳いだ。
イ 運動会は延期になったそうだ。
ウ 紅葉した木々があざやかだ。
エ 医者になることが彼女《かのじょ》の夢だ。

③ 通りかかった家の犬にほえられる。

ア 危ないところを友人に助けられる。
イ 先生が急ぎ足で教室に来られる。
ウ 私は今すぐにでも出かけられる。
エ 風に秋の気配が感じられる。

④ 弟がとうもろこしでスープを作る。

ア あれが美術館で、となりが博物館だ。
イ 山本《やまもと》さんは毛糸でくつ下を編んでいる。
ウ かれは、誠実で信頼《しんらい》できる人物だ。
エ 妹はおとなしく本を読んでいる。

プラスワン 「ら」ぬき言葉はまちがい？

「見れる」「食べれる」と言う人が多いですが、これは文法上はまちがいです。助動詞の「れる」が動詞に付く場合は、五段活用の未然形か、サ行変格活用の未然形「さ」に付くというきまりがあるからです。「見る」は上一段活用の動詞、「食べる」は下一段活用の動詞なので、「られる」が付きます。

見る（上一段動詞）＋ られる（助動詞）→ 見られる（未然形）

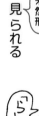

特集 かんたんチェック 品詞YES/NOクイズ

問題 次の——線の単語の品詞名を答えましょう。

①笑う　②笑顔《えがお》　③弟さえ
④しかし　⑤とても　⑥安全だ
⑦悲しい　⑧まあ　⑨行きます
⑩あの

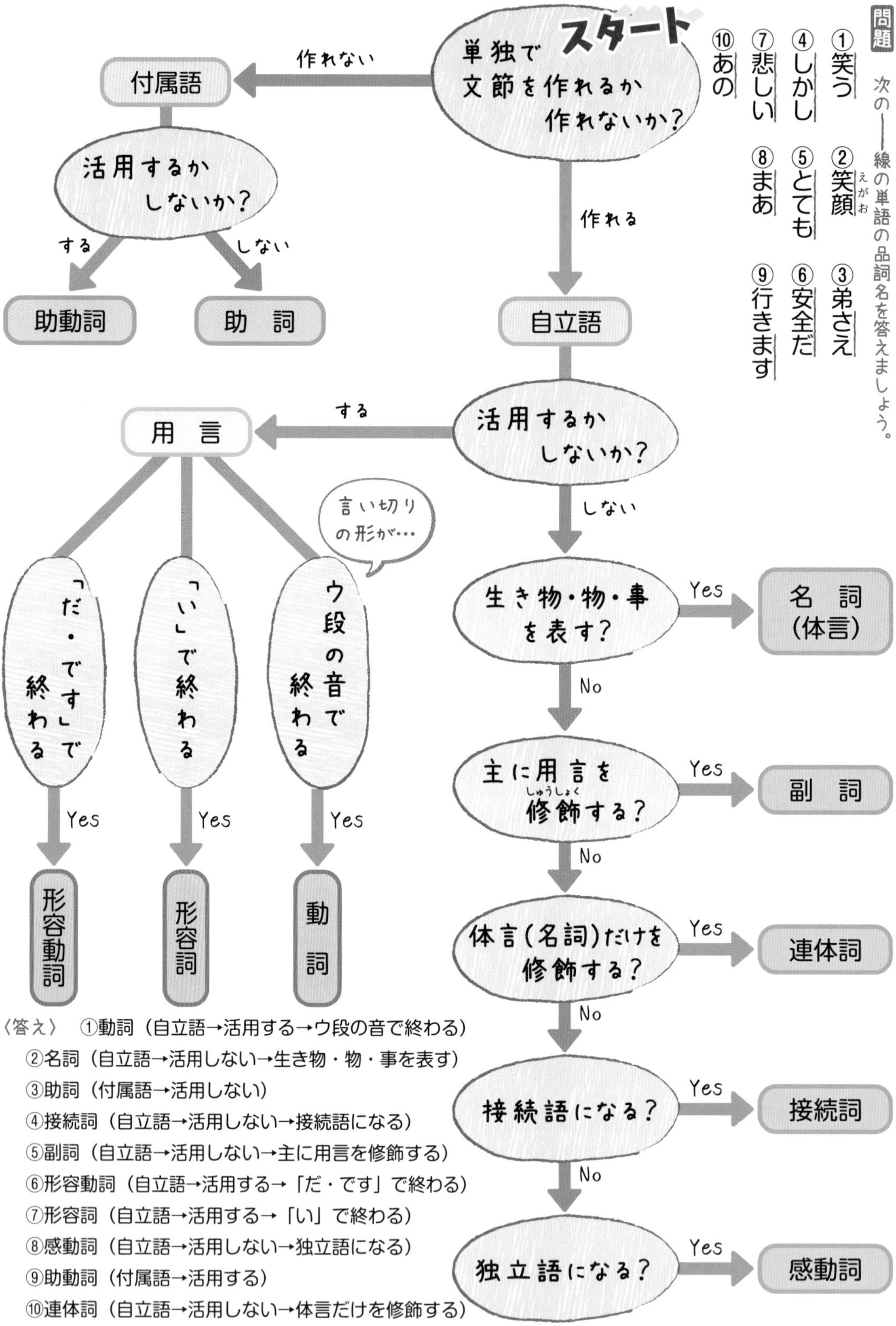
スタート
単独で文節を作れるか作れないか？
作れない
付属語
活用するかしないか？
する
しない
助動詞
助　詞
作れる
自立語
活用するかしないか？
する
用　言
「だ・です」で終わる
「い」で終わる
ウ段の音で終わる
言い切りの形が…
Yes
形容動詞
形容詞
動　詞
しない
生き物・物・事を表す？
Yes
名　詞（体言）
No
主に用言を修飾《しゅうしょく》する？
副　詞
体言（名詞）だけを修飾する？
連体詞
接続語になる？
接続詞
独立語になる？
感動詞

〈答え〉　①動詞（自立語→活用する→ウ段の音で終わる）
②名詞（自立語→活用しない→生き物・物・事を表す）
③助詞（付属語→活用しない）
④接続詞（自立語→活用しない→接続語になる）
⑤副詞（自立語→活用しない→主に用言を修飾する）
⑥形容動詞（自立語→活用する→「だ・です」で終わる）
⑦形容詞（自立語→活用する→「い」で終わる）
⑧感動詞（自立語→活用しない→独立語になる）
⑨助動詞（付属語→活用する）
⑩連体詞（自立語→活用しない→体言だけを修飾する）

3 小説・随筆《ずいひつ》

小説の三要素

- いつ・どこで（背景）
- だれが（登場人物）
- どうした（出来事・事件）

いっぽう，随筆とは？

体験などをもとにして，筆者が感じたり考えたりしたことを，自由な形式で書いた文章。

つまり，筆者が中心！


思いを伝えたい！

小説ってどんなもの？

作者が頭の中でつくり出した架空《かくう》の出来事を書いた作品のことよ。

登場人物がある状況《じょうきょう》で、どのように行動したり、どのように感じたりするのかをえがくことで、作者は感動を伝えようとしているの。

架空というウソを通してしか伝わらない思いや真実があるってことだね！

この花を君にあげようと思って、種から育てたんだよ！

それはただのウソでは……。

19 小説の基本を学ぼう

要点はここ

1 小説の基本となるものは？

小説を読むときには、まず、「いつ・どこで・だれが・どうした」という、基本となる内容をとらえましょう。

2 登場人物と場面はどうとらえるの？

①登場人物

名前・性別・年齢《ねんれい》・立場や職業などをおさえます。

名前　まな
性別　女
年齢　十四歳《さい》
立場や職業　中学生

②場面

場面とは、周囲の様子や出来事が一まとまりになっている部分のことです。この場面が移り変わりながら、話が進みます。

場面を読み取るポイント

・いつ（時）
・どこで（場所）
・だれが（登場人物）
・どうしたのか（出来事）

夏、海でねこが泳ぐ。
えっねこ？……

登場人物・場面

小説は、作者が想像によってつくり出した、架空《かくう》の物語だよ。「坊《ぼ》っちゃん」も「ハリー・ポッター」も小説だね。

例題と考え方

あれは、六年前の夏だ。ぼくは小学五年生だった。友達はお盆《ぼん》休みで、田舎《いなか》や観光地に消えていたが、夏の遠出を七月に終わらせた我《わ》が家の人間は、団地の狭《せま》い部屋にたいくつな顔をそろえていた。

〈佐藤《さとう》多佳子《たかこ》「サマータイム」による〉

例題　いつ、どこで、だれが、どうしていた場面ですか。

(1) いつ→時を表す言葉に注目します。

▼「六年前の夏だ」

(2) どこで→場所を表す言葉に注目します。

▼「団地の狭い部屋に」

(3) だれが→登場人物を表す言葉に注目します。

▼「ぼくは小学五年生だった」

▼「我が家の人間は」

「我が家の人間」とは、「ぼく」と「ぼく」の家族のことだね。

(4) どうしていた→出来事・事件に注目します。

▼「たいくつな顔をそろえていた」

例題の答え　例 六年前の夏に、団地の狭い部屋で、小学五年生の「ぼく」とその家族が、たいくつな顔をそろえていた場面。

勉強した日　月　日

練習問題

✲ 次の文章を読んで、問題に答えましょう。

➡答えは別冊8ページ

松葉《まつば》はバラの香《かお》りを心に満たすと、大人びたよそゆきの笑顔《えがお》の練習をして、意を決して《思いきって》南雲家《なぐもけ》に突入《とつにゅう》した。

「来てくれてうれしいわ。」

入り口で迎《むか》えた*1季早子《きさこ》さんの手に、松葉は闇取引《やみとりひき》《ひそかに取り引きすること》をするように水ようかんを押《お》しつけ、*2過ぎたことは忘れることにした。

「あ、来たの？」

紗英《さえ》は招待を忘れていたかのような素《そ》っ気《け》なさで迎えてくれた。紗英は普段着《ふだんぎ》風のワンピ《ワンピース》を着ている。シックな《上品で落ち着いた》モノトーン《白、灰色、黒だけの色合い》なのに、りんとした華《はな》やかさがある。

「ええと、スタンウェイ《ピアノの名器》・ティーパーティーにお誘《さそ》いありがとう。」

「そういうあいさつってヘンだからやめて。家族の定例茶会だよ。毎月やってんの。まずは大人に媚《こび》を売らないと《気に入られるようにきげんを取らないと》。」

リビング《居間》には数人の大人たちがくつろいで《ゆったりと楽にして》いて、映画のなかの貴族のサロン《洋風の客間》のようにテーブルがセッティング《配置》されていた。子どもは二人だけだ。松葉は暑くもないのに汗《あせ》をかいた。

〈梨屋《なしや》アリエ「ピアニッシシモ」による〉

（注）＊1季早子さん…紗英の母親。
＊2過ぎたこと…母親の服を着てこなければならなかったことと、手土産《みやげ》に用意していたクッキーを持ってこられなかったこと。

---

1 松葉が行った場所はどこですか。文章中から三字でぬき出しましょう。

□□□

ヒント 松葉がどこに「突入した」のかを答えよう。

2 松葉を招待した人はだれですか。名前を書きましょう。

（　　　）

3 松葉が招待されたのは、何のパーティーでしたか。次から一つ選びましょう。

ア 紗英の誕生日パーティー
イ スタンウェイ・ティーパーティー
ウ 貴族のパーティー

（　　　）

ヒント 松葉が話した言葉に注目すると、何のパーティーかがわかるよ。

4 松葉は暑くもないのに汗をかいたのは、なぜですか。（　）に当てはまる名前を書きましょう。

映画のなかの貴族のサロンのような場所に大人たちがいて、子どもは、（　　　）と（　　　）の二人だけだったから。

20 心情を読み取ろう

心情

「喜怒哀楽《きどあいらく》」って知ってる？　喜び、怒《いか》り、かなしみ、楽しみなど、人間のさまざまな心情をまとめていうときの言葉よ。

要点はここ

1 小説の読解の中心は？

小説の読解では、登場人物の心情（気持ち）を読み取ることが中心になります。

2 心情はどうとらえるの？

❶ 心情を勝手に想像するのではなく、登場人物の置かれている状況《じょうきょう》をふまえて考えます。

❷ 心情を直接表している表現に注目します。

例 泳げるようになって、うれしかった。（状況）（心情を表す表現）

❸ 言葉（会話）・行動・様子を表している表現に注目します。

「必ず勝つぞ」と言った。
言葉
決意
がっくりとかたを落とした。
様子
かっこよかったよ！
とほほ…
失望

例題と考え方

（新子《しんこ》は、一人で麦畑の中に入り、ヒバリの巣を探した。）

もう一度、そうっと麦を掻《か》き分けてよく見ると、くちばしの下に目があった。新子を見て体を揺《ゆ》すっている。ヒバリだ。母さんが言ってたとおり、ヒバリの巣があった。息をするのが怖《こわ》い。胸がどきどきして、本当は、わあっと叫《さけ》び出したい。

〈高樹《たかぎ》のぶ子《こ》「マイマイ新子」による〉

例題 **このときの「新子」は、どのような気持ちですか。**

(1) 心情を直接表している表現に注目します。

▼「胸がどきどきして」→「どきどき」は、緊張《きんちょう》や期待で心臓の鼓動《こどう》が速くなることを表す言葉です。

(2) 様子を表す表現から、心情を読み取ります。

▼「息をするのが怖い」→息がふつうにできず、動けないでいるのです。

▼「わあっと叫び出したい」→緊張にたえられなくて、大声をあげたい気持ちになっています。

ヒバリのひなを、すぐ目の前に発見した場面だね。

例題の答え　例 **とても緊張している気持ち。**

練習問題

✲ 次の文章を読んで、問題に答えましょう。

➡答えは別冊8ページ

（小学六年生の北斗《ほくと》は、東京から大阪《おおさか》までマウンテンバイクで完走する冒険《ぼうけん》の旅に挑《いど》んだ。初日のゴールは熱海《あたみ》（静岡《しずおか》県東部の市）だった。）

てっぺんまで一気に登り切った。最後の難所を越《こ》えたのだ。あとは坂を下るだけだ。

下り坂で加速を始めると、今度は熱海の夜景が見えてきた。夕暮れの街に灯《とも》りはじめた光を見下ろしながら走っていける。看板のネオンや窓の明かり、街灯の光や車のヘッドライトがまたたいて《ちらちらして》、街全体を浮《う》かび上がらせているみたいだった。①金星の輝《かがや》きとはまた違《ちが》う、いくつものあたたかな光だ。それは北斗にとって、明るくライトアップされた《ライトで明るく照らし出された》ゴール地点だった。

ダウンヒル《下り坂》の風が強まり、耳元で風の音が鳴りはじめる。夜景の光もジェットの音も、北斗のゴールを祝福しているみたいな気がした。

腰《こし》を引き、身を低くした。ブレーキレバー《ブレーキの取っ手》にはしっかり指をかけたが、②まだ減速はしない。今はこのスピードを味わっていたいのだ。

息を吸い、③声を上げた。言葉にならない歓声《かんせい》だけど、祝福してくれたゴールへのお礼の大声だ。

東京からここまで走ってきたんだと、熱海の街に告げた気がした。

〈竹内真《たけうちまこと》「自転車冒険記　12歳《さい》の助走」による〉

1 ①金星の輝きとはまた違う、いくつものあたたかな光だ。という表現から、北斗が夜景の光をどのように感じているとわかりますか。文章中の言葉を使って書きましょう。

（　　　　）

風景の描写《びょうしゃ》に北斗の心情が反映されているよ。

2 ②まだ減速はしないのは、なぜですか。文章中の言葉を使って書きましょう。

（　　　　）

3 ③声を上げたとき、北斗はどのような気持ちでしたか。次から一つ選びましょう。

ア スピードがもたらす恐怖《きょうふ》にたえられないという気持ち。

イ 苦痛と疲労《ひろう》が頂点に達して、何も考えられないという気持ち。

ウ 困難な目標をようやく達成して、うれしいという気持ち。

（　　　　）

最後の一文の「東京からここまで走ってきたんだ」に注目しよう。

21 心情の変化を読み取ろう

心情の変化

泣いていた子供が笑い出すことってあるよね? 何か機嫌《きげん》が直った理由があるはずだ。その人物に何が起こったのかを考えよう!

要点はここ

1 心情の変化とは?

心情の変化とは、話が進むにつれて移り変わっていく、登場人物の心情の動きのことです。

2 心情が変化した理由はどう読み取るの?

人物の心情が変化するには、何か理由があります。理由を読み取ることが、心情を正しくとらえることにつながります。

❶ **きっかけとなる出来事に注目します。**

例 落ちこんでいた ← 元気になった

きっかけとなる出来事
人にほめられた!
パ
テスト
20
あら、最近大人っぽくなって

❷ **登場人物が置かれた状況《じょうきょう》の変化に注目します。**

例 わくわくしていた ← がっかりした

状況の変化
雨が降って遠足が中止になった!
ザーッ

例題と考え方

(監督《かんとく》の徹夫《てつお》は、野球が下手な息子《むすこ》の智《さとし》を心配し、レギュラーになれなくても野球を続けていくのかたずねた。)

「いいよ。だって、ぼく、野球好きだもん」

智は顔を上げてきっぱりと答えた。

一瞬《いっしゅん》言葉に詰《つ》まったあと、徹夫の両肩《りょうかた》から、すうっと重みが消えていった。頬《ほお》が内側から押《お》されるようにゆるんだ。

〈重松清《しげまつきよし》「卒業ホームラン」による〉

例題 **「徹夫」の心情は、最後にどうなりましたか。**

(1) きっかけとなる出来事に注目します。

出来事 **「いいよ。だって、ぼく、野球好きだもん」と、智が顔を上げてきっぱりと答えた。**

↓ 徹夫が智の気持ちを知ります。

(2) **登場人物の様子から、心情を読み取ります。**

▼「一瞬言葉に詰まった」→最初は智の言葉におどろきます。

▼「頬が……ゆるんだ」→ほっとしたとき、うれしいときの表情。

最後の心情

「両肩から、すうっと重みが消えていった」は、気持ちが楽になったってこと!

例題の答え 例 **うれしくなった。**

勉強した日　月　日

練習問題

✲ 次の文章を読んで、問題に答えましょう。

➡答えは別冊9ページ

（ホームルームの時間に、「私」は合唱コンクールの指揮者に推薦《すいせん》された。「私」は、みんなが「私」の母親が音楽家であることを知っていて、厄介《やっかい》ごとをおしつけようとしている気がした。）

議長が私を見た。

「お願いできますか」

「何を」

聞き返すと、発言者はもう一度立ち上がり、恥《は》ずかしそうにちょっと振《ふ》り返って私を見た。

「指揮か、ピアノ。それか、指導だけでもいい」

「①どうして私が」

すると彼女《かのじょ》はほんの少しためらった後で口を開いた。

「御木元《みきもと》さんは音楽が好きそうだから」

虚《きょ》を突《つ》かれて（すきを突かれて）返事ができなかった。

「お願いできますか」

②もう一度議長に聞かれて、うなずいていた。音楽が得意そうだから、といわれていたら断っていたかもしれない。でも、音楽が好きそうだからというそのあまりに素朴《そぼく》（素直《すなお》でかざり気のない）な声に少し気持ちがほどけた（やわらいだ）。音楽が好きかどうか、今となっては自信もないのだけれど。

「じゃあ指揮を」

〈宮下奈都《みやしたなつ》「よろこびの歌」による〉

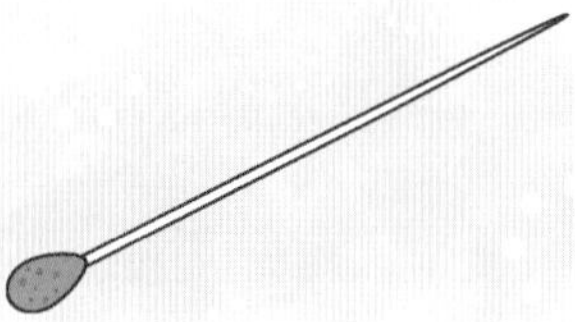

1 ①どうして私が と言ったとき、「私」はどのような気持ちでしたか。次から一つ選びましょう。（　　）

ア 自分は指揮者に推薦される資格などない。
イ 指揮やピアノを引き受けたくない。
ウ 推薦されてうれしいが、恥ずかしい。

「どうして私が」の後に続く言葉を想像しよう。

2 ②もう一度議長に聞かれて、うなずいていたとき、「私」はどのような気持ちになっていましたか。文章中からぬき出しましょう。

（　　　　　　　　）

3 「私」が指揮を引き受けてもいいという気持ちになったきっかけは、どのようなことですか。□に当てはまる言葉を、文章中からぬき出しましょう。

「私」を推薦した人に、□□□□□□□□□□ と言われたこと。

「どうして私が」と言っていたのに、「うなずいていた」のはなぜだろう。

22 登場人物の性格と表現を読み取ろう

人物像・表現

「人物像」とは、漫画《まんが》でいうと、「キャラクター」のことだね。いろんなキャラクターがいると、話がおもしろくなるよね。

要点はここ

1 人物像とは？

人物像とは、登場人物がどのような個性をもつ人物であるかをいいます。

人物像

外見　男の子（性別）　十四歳《さい》（年齢《ねんれい》）　中学生（立場・職業）　普段《ふだん》着（服装）

内面　おっちょこちょい（性格・人柄《ひとがら》）　毎日が楽しい（考え方・生き方）

2 小説でよく使われる表現は？

比喩《ひゆ》	物事を他のものにたとえる。 例 雨が滝《たき》のようだ。（「ようだ」などで直接たとえる直喩《ちょくゆ》） 例 涙《なみだ》は一つぶの真珠《しんじゅ》。（「ようだ」などを使わない隠喩《いんゆ》）
擬声語《ぎせいご》 擬態語《ぎたいご》	音声や様子をそれらしく表した言葉。 例 ドアをトントンたたく。（擬声語＝音声を表す） 例 むっくりと起き上がる。（擬態語＝様子を表す）

例題と考え方

（剣道《けんどう》に自信をもてない中学生の早弥《さや》は、男子部員の春《はる》にはげまされるが、自分は「春とはちがう」と言った。）

「そりゃみんなちがうやろ」

春は言った。ふと春を見る。思慮深《しりょぶか》そうな静かな目だ。春が言うと、「ちがう」という言葉は果てしない意味を持つように思えた。

〈まはら三桃《みと》「たまごを持つように」による〉

例題 春は、どのような性格の人物でしょうか。

(1) 春の言葉に注目します。

▼「そりゃみんなちがうやろ」

(2) 春の様子を表す表現に注目します。

▼「思慮深そうな静かな目」

(3) 早弥が春に感じていることに注目します。

▼「ちがう」という言葉は果てしない意味を持つように思えた。

春は、ごまかしたりせずに、はっきりとものを言っているね。
早弥は、春の言葉に深い意味を感じているようだ！

ここもたいせつ 登場人物の性格は、①言葉・様子・行動、②心情を表す表現、③人物どうしの関係に注目してとらえます。

例題の答え 例 **物事を深く考えている、誠実な人物。**

練習問題

✲ 次の文章を読んで、問題に答えましょう。

➡答えは別冊9ページ

ぼくは、おじいさんがどんな子どもだったのか、この家（築百年以上たつ、おじいさんが住む家）に聞いてみたいと思った。だって、小学五年生のおじいさんなんて、ぜんぜん想像つかない。

「なんだ」

①おじいさんの顔をじろじろと見ていたらそう言われて、ぼくはあわてて目をそらした。少し間をおいてから、気になっていることを聞いてみた。

「おじいさんはどんな子どもだったですか」

②日本語がへんになってしまったけど、ぼくは続けた。

「どんな遊びをしてたんですか。仲のいい友達はいましたか？」

おじいさんは、ギロッとぼくを見てから、ふっと両の口端《くちは》を持ち上げた。

「お前さんはこのじじいが、生まれたときからじじいだと思ってるんだな。わしにだって、お前さんくらいの頃《ころ》はあったさ。毎日、外で遊んどった。わしは三男坊《ぼう》（兄弟のうち、三番目の男子）だったから、だれもなんも言わなかった。毎日、近所の子どもたちと外で遊んどったな」

「外で遊んだあと、この家に帰ってきたんですか」

ぼくは興奮して、おじいさんに聞いた。

「そりゃそうだ」

おじいさんは、③でっかいひまわりみたいに笑った。

〈椰月美智子《やづきみちこ》「しずかな日々」による〉

1 ①おじいさんの顔をじろじろと見ていたら・②日本語がへんになってしまった から、「ぼく」がおじいさんをどのように思っていることがわかりますか。次から一つ選びましょう。

ア おもしろくて、優《やさ》しそうな人だ。
イ あまり近づきたくない、変な人だ。
ウ 興味はあるのだが、こわそうな人だ。

（　　）

2 ③でっかいひまわりみたいに から、おじいさんの笑顔《えがお》はどのような笑顔だと考えられますか。次から一つ選びましょう。

ア 明るい満面の笑顔。
イ あきれた冷たい笑顔。
ウ とまどって照れた笑顔。

（　　）

3 おじいさんは、どのような人物だと考えられますか。次から一つ選びましょう。

ア もの静かで、おとなしい人。
イ 神経質で、真面目《まじめ》な人。
ウ 気難しそうだが、心の温かい人。

（　　）

おじいさんは、「ぼく」の質問に気軽に答えてくれているよ。

23 主題をとらえよう

要点はここ

1 小説の主題とは？

主題とは、作品を通して、作者が最も伝えたい思いのことです。主題が直接示されることはないので、事件や主人公の姿を手がかりにして、作者の意図を読み取ります。

2 主題はどうとらえるの？

❶ 話の展開、主人公の置かれている状況《じょうきょう》、登場人物どうしの関係をおさえながら読みます。

❷ やま場（話が盛り上がる場面）や結末に注目します。主題にかかわる重要なことがらが示されます。

例 友情は育つもの

がんばって!!
次こそ勝とうな
ジ〜ン

❸ 主人公の行動や心情の変化に注目します。主題は、主人公を通して表されます。

例 未来への希望

芸術家になろうかな
?
ジャーン

小説の主題

主題とは、「中心となるテーマ」のことよ。アニメやテレビドラマにも「主題歌」（テーマソング）ってあるでしょ。

例題と考え方

（キリコさんが「私」の家のお手伝いさんをやめることになった。「私」は飼い犬のアガタといっしょに彼女《かのじょ》を見送った。）

私はチョコレートパフェやリコーダーや口のきけないクマの話を集め、一冊の本に綴《と》じてプレゼントした。ハットリ氏の万年筆で書いた本だった。キリコさんはそれを皺《しわ》にならないよう、ボストンバッグの内ポケットに丁寧《ていねい》にしまった。アガタが一声、さよならの鳴き声を上げた。

（キリコさんと「私」の思い出に関係する話）

〈小川洋子《おがわようこ》「キリコさんの失敗」による〉

例題 **この文章の主題を答えましょう。**

(1) どのような場面かを考えます。

▼「私」と犬のアガタが、キリコさんと別れる場面です。

(2) 登場人物の行動に注目します。

▼キリコさん＝（「私」の書いた本を）「丁寧にしまった」

↓お別れのプレゼントを大切にあつかっています。

▼アガタ＝「一声、さよならの鳴き声を上げた」

↓別れのせつなさが伝わってきます。

会話文がないのが印象的だね。

例題の答え 例 **キリコさんとの別れのせつなさ。**

練習問題

✲ 次の文章を読んで、問題に答えましょう。

➡答えは別冊9ページ

（試合で結果を出せなくなった真郷《まさと》は、野球部の退部届を持って学校に来た。部室に行くと、チームメイトの律《りつ》が、捨てるはずのボールを拾っているのを見た。）

「一緒《いっしょ》に連れて行ったろて《行ってやろうと》思うて」

「どこへ？」

「甲子園《こうしえん》」——高校野球全国大会が行われる兵庫県の球場

口がぽかりと開いた。返す言葉が出てこない。律は、耳元まで赤くなりボールをポケットに押《お》し込《こ》んだ。

「だって、ほら目標は大きい方がええやないか《いいじゃないか》。おれら、そのために練習してるんやし……①ボールがこんなになるまで練習しとるわけやし……何が起こるかわからんのが野球やろ」

「うん、まあ……で、そのボール、持って行くわけか」

「そうや。ぼろぼろになった練習球だって、一つぐらい連れて行ってやらんと、かわいそうやないか《かわいそうじゃないか》」

一息にそう言って、律が目を伏《ふ》せる——目を下に向ける。

「②おまえ……」

そんなこと考えてたのかと続く言葉を呑《の》み込んだ。

〈あさのあつこ「練習球」による〉

1 ①ボールがこんなになるまで とは、ボールがどうなるまでということですか。文章中の言葉を使って書きましょう。

（　　　　）

2 ②おまえ…… と言ったときの真郷は、どのような気持ちでしたか。次から一つ選びましょう。

ア 律が甲子園をめざして野球に打ちこんでいたことを知り、感動している。

イ 律が道具をとても大切に使っていたことを知り、感心している。

ウ 律が現実と向き合わずに自分をごまかしていると知り、あきれている。

（　　）

3 この文章の主題は何ですか。次から一つ選びましょう。

ア 野球というスポーツのおもしろさ。

イ チームメイトである二人の厚い友情。

ウ 夢をいだいて努力することの大切さ。

（　　）

「ボールがこんなになるまで練習しとるわけやし」という律の言葉から考えよう。

24 随筆《ずいひつ》の基本を学ぼう

話題・表現

随筆は、「エッセイ」ともいうよ。古文で学習する『枕草子《まくらのそうし》』『徒然草《つれづれぐさ》』も随筆だし、新聞や雑誌のすみにある短い文章（コラム）も随筆だね。

要点はここ

1 随筆《ずいひつ》とは？

随筆とは、体験したことや見たり聞いたりしたことをもとに、感じたことや考えたことを自由に書き表した文章です。

2 随筆はどんなふうに読むの？

❶「話題＝何についての話なのか」を、まずつかみます。

❷ 筆者が感じたことや考えたことに注目します。

感想や考えを表す、「〜と思う。」「〜だろう。」「〜ではないか。」などの文末の表現が手がかりになります。

区別しよう！
体験したこと
見聞きしたこと
かわいい!!
感じたこと
考えたこと
犬になりたいです

❸ 独特な表現に注目します。表現には、筆者の感じ方や考え方が表れています。

例題の文章

（工場の明かりは）「私に見られるためだけに照らす。」　←独特な表現

↓筆者が夜の工場の明かりに幻想《げんそう》的な美しさを感じているとわかる。

例題と考え方

夜の工場は、人に妙《みょう》な夢を見させる。帰り道、私の他に動く人影《ひとかげ》はなくとも、白やブルー、オレンジ、グリーンを薄《うっす》らと帯びた明かりは、黙々《もくもく》と工場を照らす。私に見られるためだけに照らす。私の影は四方から光に照らされ、分裂《ぶんれつ》し、日時計のようにアスファルトに貼《は》りついている。

〈万城目学《まきめまなぶ》「ザ・万歩計」による〉

例題 **この文章の話題を答えましょう。**

(1) 文章の最初に注目します。話題は、文章の最初のほうで示されることがほとんどです。

(2) 何についての感想を述べているのかを考えます。

▼「夜の工場は、人に妙な夢を見させる。」　←筆者の感想

「〇〇は」の〇〇の部分が話題だね！

筆者は、何が「人に妙な夢を見させる」と言っているのか？

↓夜の工場

ここもたいせつ

独特で印象的な表現を使って述べられているものが、「筆者の興味の対象」＝「話題」です。

例題の答え　夜の工場

勉強した日　月　日

練習問題

✲ 次の文章を読んで、問題に答えましょう。

➡答えは別冊10ページ

猫《ねこ》を飼っていて一番楽しいのは、仔猫《こねこ》の目があくときである。

仔猫は生まれてから一週間ほどは目が見えない。二、三日でまぶたは開くのだが、①中は葛桜《くずざくら》で物の形はさだかに見えないらしい。体の割に大きな頭を持ち上げ、一丁前に鼻をピクつかせて風の匂《にお》いを嗅《か》いだりしている。

ところが、一週間から十日の間に、朝起きて見ると、四匹《ひき》だか五匹の兄弟のうち一匹の片目が開いているのである。といっても、いきなりパッチリではなく、②彫刻刀《ちょうこくとう》でスーと切れ目を入れたように葛桜のかげから黒い瞳《ひとみ》がほんの少しのぞいているだけだが。

「③お前が一番乗りかい」

開きかけの片目が気になるのか、前肢《ぜんし》で掻《か》いたりしているのをからかって遊んでいるうちにもう一匹の片目があいてくる。これも体の大きい順というわけでもないし、すばしこいのからというわけでもない。不思議なことに夕方までには全部の仔猫の目がパッチリと開く。中には、朝は一番乗りだったのに、残る片目が最後まで開かないのもいたりして、それがまた面白《おもしろ》いのである。

〈向田邦子《むこうだくにこ》「魚の目は泪《なみだ》」による〉

葛桜——葛粉で作った半透明《とうめい》の和菓子《わがし》
さだかに——はっきりと
一丁前——一人前
前肢——前足

1 ①中は葛桜で ②彫刻刀でスーと切れ目を入れたように は、それぞれどのようなことを表していますか。次から一つずつ選びましょう。

ア 仔猫の目が開きかけている様子。
イ 仔猫の目が白くにごっている様子。
ウ 仔猫の目がパッチリと開いている様子。

①（　　）②（　　）

ヒント ①は、仔猫の目の様子を和菓子の「葛桜」にたとえているよ。

2 ③お前が一番乗りかい と言ったとき、筆者はどのような気持ちでしたか。（　）に当てはまる言葉を考えて書きましょう。

一匹目の仔猫の目があいて、（　　）気持ち。

3 この文章の話題は何ですか。次から一つ選びましょう。

ア 目があいていく仔猫たち
イ 仔猫の誕生のなぞ
ウ 仔猫の目の美しさ

（　　）

ヒント 「一番楽しい」「それがまた面白い」とは、何のことを言っているのかな。

25 筆者の考え方をとらえよう

随筆《ずいひつ》の主題

随筆は「思いついたままに書いた文章」という意味だけど、筆者が読者に伝えたい主題があるのは、小説に主題があるのと同じよ。

要点はここ

1 随筆《ずいひつ》の主題とは？

随筆では、筆者の体験したことや見聞きしたこと（＝事実）が語られますが、主題になるのは、そこから導かれる筆者の思いや考え方です。

2 主題はどうとらえるの？

❶ どこまでが事実で、どこからが筆者の感想や考えになるのかを読み分けます。

❷ 筆者の思いや考え方をとらえるには、筆者の思いがこもった表現や、くり返し出てくる言葉に注目します。

❸ 筆者が最も伝えたいことは何かを考えます。最初か最後の段落に書かれていることがほとんどですが、全体から読み取らなければならないこともあります。

ああなんてかわいい花だろう。かわいいなあ。
えっ

例題と考え方

（「私」は、同級生の女の子が夏休みに描《えが》いた油絵を見た。）

夏の終わりのだをこねるような蒸《む》し暑さ、草いきれ（草むらから発する熱気）、日が暮れはじめる直前のさびしさ、乾《かわ》いたかすかな風に舞《ま》う土埃《つちぼこり》、美術室に座《すわ》った私を、そうしたものが一瞬《いっしゅん》にして包みこんだ。もう帰らなくてはならないのに、このゆるく曲がった上り坂の向こうの景色をたしかめにいきたい、そんな気持ちまで味わった。私はその絵のなかに突《つ》っ立っていた。

〈角田光代《かくたみつよ》「まなちゃんの道」による〉

例題　筆者がこの文章で伝えたいことは、何でしょうか。

(1) 筆者の感想が表されている言葉を探します。

▼「このゆるく曲がった上り坂の向こうの景色をたしかめにいきたい、そんな気持ちまで」

↓生き生きとした絵だと感じています。

(2) **表現にこめられた思いを考えましょう。**

▼「その絵のなかに突っ立っていた」

↓まるで自分が絵のなかにいるかのように感じています。

「私」は絵に引きつけられているね。

例題の答え　例 **同級生の絵にとても感動したということ。**

練習問題

✲ 次の文章を読んで、問題に答えましょう。 ⬇答えは別冊10ページ

サン＝テグジュペリの名作『星の王子さま』といえば長く内藤濯《ないとうあろう》訳（岩波《いわなみ》書店）が親しまれてきたが、版権（作品を出版する権利）が切れたためか、このところ新訳が次々と出版されている。

いくつか目を通してみたが、内藤濯訳で育った世代としては新訳には不満がある。というのも新訳では、たいてい、冒頭《ぼうとう》（初めの部分）に語られる蛇《へび》が「うわばみ」ではなく、「大きな蛇」に改められているから。「うわばみ」など古い言葉だからと捨てられてしまったのだろうが、「大きな蛇」ではなんとも味気ない（おもしろみや魅力《みりょく》がなくつまらない）。「うわばみ」という面白《おもしろ》い言葉があるのだから、いまの子供たちにも伝えていったらいい。

「大酒飲み」にも使われる「うわばみ」は、日本語の豊かさのあらわれであり、それを現代では使われないからと「大きな蛇」や「大蛇《だいじゃ》」に改めるとは、なんともお手軽な考えではないか。

「けんのん（剣呑）」も「危険」になっているし、「こなれる」も「消化される」。古い日本語が新訳で次々に消えているのは実に寂《さび》しい。いまの子供だって「うわばみ」「けんのん」って何だろうと思うことから、日本語の面白さ、豊かさを知ってゆくのではないだろうか。

〈川本三郎《かわもとさぶろう》「古い言葉の豊かな懐《なつ》かしさ」による〉

1 新訳には不満があるのは、なぜですか。当てはまる言葉を、文章中からぬき出しましょう。

「うわばみ」のような［　　　］言葉が、古いからと捨てられて、「大きな蛇」のような［　　　　］言葉に改められているから。

2 新訳での変化を、筆者はどう感じていますか。文章中から三字でぬき出しましょう。

［　　　］

3 この文章で、筆者が最も強く言いたいことは何ですか。次から一つ選びましょう。

ア 外国の文学作品の新しい訳が出るのは、喜ばしいことである。
イ 日本語の豊かさが表れている古い言葉を、大切に伝えていきたい。
ウ 外国の文学作品は、まちがいのないように訳さなければならない。

（　　）

新訳で変わった点と、それに対する筆者の気持ちをもとに、考え方を読み取ろう。

まとめのテスト

勉強した日　月　日

↓答えは別冊10ページ

得点　/100点

次の文章を読んで、問題に答えましょう。

（省吾《しょうご》の町には、新橋《しんばし》から川に飛びこめれば一人前だと認められる風習があった。新橋の上で会った同級生の麻緒《まお》は、本当の度胸がなければ、やさしくなれないといい、やさしい省吾なら絶対に飛べるという。）


「それやったら、麻緒の方が度胸あるやんか」

ぼくは慌《あわ》てていった。動揺《どうよう》してしまったのを悟《さと》られたくなかった。

「私が？　何で？」

「だってやさしいやないか。新聞配達したり、家のことみんなやってるって噂《うわさ》だし、それに弟や妹の面倒《めんどう》みてるっていうやないか。やさしくなければそんなことできんやないか。俺《おれ》にはそんなことできそうもないから、麻緒の方が度胸あるんや」

「そんなことない。私はちょこっと頑張《がんば》っているだけやもん。やさしいからやないよ。お母さんが一生懸命《いっしょうけんめい》頑張っているし、それに比べたらちょこっとのことやもん。それに楽しいからやってるだけ」

「楽しい？」

「うん。私がちょこっと頑張れば、みんなが生きていけるって思えるから」

「お前、すげえなあ……」

背中がカッと熱くなった。小学六年生の同級生がそんなことをいうとは思ってもみなかったので、背中がカッとなって、すぐに頭も顔もカッと熱くなってしまった。

「私も飛んでみたいな」

と麻緒はいきなりいった。

「飛んでみたいって、ここからか？」

「うん。新橋から飛べたら、いろんなことに自信持てるんやないかって、ずっと思っとったんや。でもやっぱり恐《こわ》いから飛べない」

「うん……」

「でも省吾なら絶対に飛べるて。*ほしたら私も力をもらえる気がする」

麻緒は本気だった。静かに笑ってたけど、本当にそう思ってるんだとぼくには分かった。麻緒の静かな笑顔《えがお》を見ていたら、すっと気分が落ち着いた。そう思ったとたん、ぼくは大きな深呼吸をしていた。麻緒に飛べるといわれて、深呼吸と一緒《いっしょ》に恐怖《きょうふ》を吐《は》き出してしまった気分だった。ぼくは度胸を決めてゆっくりといった。

「じゃあ、飛ぶぞ」

「うん」

麻緒はうなずいてくれた。

〈川上健一《かわかみけんいち》「アソンレンセ」による〉

(注) ＊ほしたら…「そうしたら」という意味の方言。

1 この文章は、省吾が何をしようとしている場面ですか。文章中の言葉を使って、簡潔に書きなさい。(20点)

（　　　　）場面。

2 省吾の心情の変化を次のようにまとめました。[A]には、当てはまる言葉を考えて書きなさい。[B]には、当てはまる言葉を文章中からぬき出しなさい。10点×2(20点)

① やさしくて度胸があると麻緒にいわれ、動揺した。

↓

② 自分がちょっと頑張ればみんなが生きていけると麻緒がいうのを聞いて、[A　　]した。

↓

③ 「省吾なら絶対に飛べる」といって笑う麻緒の笑顔を見ていると、[B　　　　　　]。

3 麻緒はどのような人物だと考えられますか。次から一つ選び、記号で答えなさい。(20点)

ア 気が弱くて、いつも人の言いなりになっている人。

イ どんなにつらくても、人のために自分を犠牲《ぎせい》にする人。

ウ 周りの人のことを思いやり、やさしく見守る人。

エ わがままで、人に対して強く自己主張をする人。

（　　）

4 恐怖を吐き出してしまった気分だった とは、どういうことですか。考えて書きなさい。(20点)

恐いと思う気持ちが（　　　　）ということ。

5 この文章の主題を次から一つ選び、記号で答えなさい。(20点)

ア 人の性格は、見た目からでは判断できないということ。

イ 小学生でも大人と変わらないことができるということ。

ウ 信頼《しんらい》とはげましがあれば、人は力を発揮できるということ。

エ 自信をもって、積極的に行動することが大切だということ。

（　　）

プラスワン **登場人物の会話をおさえる！**

この文章では、省吾と麻緒の会話の内容がとても重要です。小説を読むときには、「　」の中がだれの発言なのか、確かめながら読みましょう。話し方で区別がつかないときは、「　」の後の「と」に注目。「と○○は言った。」のように、だれが話したのかがわかることがあります。

特集 かんたんチェック

心情につながる動作を表す言葉

笑う

□愛想《あいそ》笑い▼相手の機嫌《きげん》を取るための笑い。
□一笑《いっしょう》に付《ふ》す▼笑って相手にしない。
□顔がほころびる▼表情がやわらいで、笑《え》顔《がお》になる。
□にんまり▼ひそかに満足して、口元に笑いをうかべる様子。
□破顔《はがん》一笑▼うれしくてにっこり笑うこと。
□鼻で笑う▼相手を見下して鼻先で笑う。
□腹を抱《かか》える▼おかしくてたまらず、大笑いする。
□含《ふく》み笑い▼声を出さないで笑うこと。
□ほくそえむ▼物事がうまくいって、一人でひそかに笑う。

□目を細める▼うれしそうにほほえむ。

問題 当てはまる意味を線でつなぎましょう。

□①苦笑・ ・ア 大勢の人が大声で笑うこと。
□②失笑・ ・イ ばかにして笑うこと。
□③嘲笑《ちょうしょう》・ ・ウ ついふき出して笑うこと。
□④爆笑《ばくしょう》・ ・エ しかたなく笑うこと。

歩く

□しのび足▼足音を立てず、そっと歩くこと。
□そぞろ歩き▼特に目的もなく歩き回ること。散歩。
□ぶらつく▼目的もなく歩き回る。

問題 当てはまる様子を線でつなぎましょう。

□⑤ずかずか・ ・ア さっさと歩く様子。
□⑥すたすた・ ・イ 元気なく歩く様子。
□⑦とぼとぼ・ ・ウ 遠慮《えんりょ》なく歩く様子。

泣く

□号泣《ごうきゅう》▼大声をあげて泣くこと。
□さめざめ▼なみだを流して静かに泣く様子。
□しのび泣く▼人に知られないように、声をおさえて泣く。
□火のついたよう▼赤んぼうなどが大きな声で激しく泣く様子。
□ほろりと▼なみだがひとしずく落ちる様子。
□むせび泣く▼声をつまらせて泣く。

言う

□言いつくろう▼しゃべってごまかす。
□言い放つ▼遠慮なくはっきりと言う。
□口ごもる▼言うのをためらい、つかえる。
□くどくど▼同じことをしつこくくり返して言う様子。

□吐露《とろ》する▼本心を打ち明ける。
□まくし立てる▼激しい勢いでしゃべる。

見る

□凝視《ぎょうし》する▼じっと見つめる。
□食い入るよう▼集中してじっと見る様子。
□しげしげ▼じっとよく見る様子。
□注視する▼注意してよく見る。
□目を配る▼注意してあちこちを見る。
□目を光らす▼気をつけて見張りをする。

〈答え〉 ①エ ②ウ ③イ ④ア ⑤ウ ⑥ア ⑦イ

4 説明文・論説文

説明文・論説文のポイント

- 何について（話題）
- 何が言いたい（結論）
- その理由（根拠《こんきょ》）

論理的になれば…？

論説文って難しいよね。

かたい言葉が多くて難しそうよね。でも、読み方のポイントをつかめばだいじょうぶよ。

いちばんのポイントは、筆者が何を言いたいのか、結論をつかむことよ。最後にあることが多いわ。その理由もセットでおさえることが大切よ。

そっか。結論と理由が大切なんだ！

理由だから「なぜなら」だなあ…。

サラ
サラ
ぼくはまなちゃんが大好きです。なぜなら、まなちゃんは優《やさ》しくてかわいくて頭もいいからです。

……。納得《なっとく》はするけど、心は動かないわ。

26 説明文・論説文の基本を学ぼう

話題・構成

筆者の専門が話題になることが多いわ。例えば、脳科学者の茂木《もぎ》健《けん》一郎《いちろう》氏は「脳科学」を話題にした文章をたくさん書いているのよ。

要点はここ

1 説明文・論説文とは？

あることがらについて、筋道を立てて述べた文章を説明的文章といい、説明文と論説文があります。

❶ 説明文…あることがらについて、事実をわかりやすく説明した文章。

❷ 論説文…あることがらについて、筆者の意見を論理的に述べた文章。

※あることがら＝「話題」です。

❶ 読書とは、本を読むことだ。
❷ 読書は、人間の成長にとても役立つものだ。

❶「読書」についての説明
❷「読書」についての意見

どっちも話題は「読書」だ！

2 説明文・論説文の構成はどんなふうなの？

説明文・論説文では、筆者の考えをわかりやすく伝えるために、文章の構成（組み立て）が工夫《くふう》されています。

代表的な構成

序論
話題や問題が示される。

みんな聞いて！

↓

本論
意見・理由を述べたり，例を挙げたりする。

ほうほうそういうことか。

↓

結論
筆者が最も言いたいことを述べる。

ここ大事！

例題と考え方

言葉の達人という人々が世の中にはたくさんいます。ものを書く人。小説家とか、詩人とか、歌人、俳人など、本当に読んでも聞いても心が沸《わ》き立つような言葉遣《づか》いをする人たちです。ジャンルは違《ちが》いますけれど、落語家も言葉の達人です。

〈左近司祥子《さこんじさちこ》「哲学《てつがく》のことば」による〉

例題 この文章の話題を答えましょう。

(1) 文章の最初に注目します。

▼「言葉の達人という人々が世の中にはたくさんいます。」

(2) くり返し出てくる重要な言葉（キーワード）を探します。

▼「言葉の達人という人々が……」

▼「……落語家も言葉の達人です。」

小説家、詩人
歌人、俳人
落語家
←
すべて言葉の達人。

ここもたいせつ
話題がうまくまとまらない場合は、「〜について」「〜とは何か」と言葉を補ってみたり、「〜と〜の関係」のように、二つ以上のキーワードをまとめたりしてみましょう。

例題の答え 言葉の達人（について）

勉強した日　月　日

練習問題

＊ 次の文章を読んで、問題に答えましょう。

↓答えは別冊11ページ

[1] 緑の森の中を歩く「森林浴」は、たいへんに気持ちが良いものです。「森林浴」というのですから、森林で何かを浴びているはずです。「森林の中で何を浴びて、気持ちがいいのだろうか」と考えてください。

[2] 小鳥の鳴き声がこだまするような「シーン」とした静けさでしょうか、あるいは、森をおおうように存在するしっとりとした湿《しめ》り気でしょうか。あるいは、森の樹々《きぎ》が光合成（植物が栄養分を合成する過程で酸素を出す仕組み）をして放出する酸素（空気中の成分）でしょうか。あるいは、「何かを浴びているというのは気のせいで、特に、何かを浴びているわけではない」と思う人もいるでしょう。

[3] じつは、森林浴で浴びているのは、樹々の葉っぱや幹から出ている、ほのかに感じる香《かお》りなのです。森林浴では、マツやヒノキなどの樹々が出す香りを浴びています。樹々の香りを思いきり吸い込《こ》めば、身も心もリフレッシュ（さわやかになる）するのです。

[4] 樹木は、葉っぱや幹から香りを放っています。これらの香りは、私たちの暮らしの中で、入浴剤《ざい》や化粧《けしょう》品等に使われています。そのおかげで、私たちは、心を癒《いや》され（つかれやなやみなどがやわらげられ）、心身ともにリフレッシュされ、安眠《あんみん》や食欲まで促《うなが》される（さかんにさせる）効果を享受《きょうじゅ》し（受け入れて楽しんで）ています。

〈田中修《たなかおさむ》「植物はすごい」による〉

1 この文章の話題は何ですか。文章中から三字でぬき出しましょう。

2 [1]段落で示されているのは、どのような問題ですか。文章中から二十二字で探し、初めの五字をぬき出しましょう。

問題を示しているので、文の最後が疑問の形になっているよ。

3 2の問題に対する答えが書かれている段落はどこですか。段落番号を書きましょう。

（　　）段落

4 この文章の内容に合っているものを、次から一つ選びましょう。

ア 森林浴で浴びているのは、静けさだ。
イ 森林浴では、じつは何も浴びていない。
ウ 森林浴で浴びているのは、樹々の香りだ。

（　　）

27 指示語を読み取ろう

指示語

指示語は「こそあど言葉」ともいうよ。「これ」「それ」「あれ」「どれ」というふうに、「こ・そ・あ・ど」で始まる言葉だからだよ。

勉強した日　月　日

要点はここ

1 指示語とは？

指示語とは、「これ」「それ」など、文章中の語句や内容を指し示す言葉です。指示語が指す内容を正しくとらえることで、文章の流れが理解しやすくなります。

物事を指す	これ	それ	あれ	どれ
場所を指す	ここ	そこ	あそこ	どこ
状態を指す	こう	そう	ああ	どう

こそあど言葉

2 指示語が指す内容はどうとらえるの？

❶ まず、指示語の前に注目して探します。

❷ 指示語が指す内容を指示語の部分に当てはめて、意味が通れば正解です。

例 弟が絵を描《か》き、私が**それ**を壁《かべ》にはった。

○ **絵**を壁にはった。

× **弟**を壁にはった。

どちらを指す？
うーんどっちかな～

例題と考え方

外国人に人気のある名所の一つは宮島《みやじま》だ。ここは、世界遺産にも登録されている。

例題 **ここ が指すものを答えましょう。**

(1) 指示語に続く部分を読み、疑問の形に直して考えます。

▼「ここは、世界遺産にも……」→ 世界遺産に登録されているのは、どこ？と考える。

(2) 指示語に近いところから、指示語が指す内容を探します。

・すぐ前から探す。
・もっと前から探す。
・後から探す。（例外）

この順に探そう！

ほとんどの場合、すぐ前を指すよ！

(3) 指示語の部分に当てはめて、意味が通るか確認《かくにん》します。

▼「外国人に人気のある名所の一つは宮島だ。ここは、世界遺産にも登録されている。」

ここもたいせつ

うまく当てはまらない場合は、「こと」「もの」「とき」などの言葉を補って、答えをまとめましょう。

例題の答え　**宮島**

練習問題

✲ 次の文章を読んで、問題に答えましょう。

➡答えは別冊11ページ

柱が屋根を支えているのは、日本ではあたりまえですが、外国ではそうではありません。外国に「柱立ち」の建物がないわけではありませんが、壁《かべ》が屋根を支えている建物が代表的なのです。「柱立ち」にたいして、私は①それを「壁立ち」ということばでよびたいと思います。

たとえば、パキスタン（インド半島の北西部にある国）のタキシラのシルキャップ遺跡《いせき》という有名な二世紀の都市遺跡は、ひじょうに分厚い石の壁で家ができています。

トルコ（アジアとヨーロッパにまたがる国）のチャタルヒュク遺跡は、粘土《ねんど》を水でねって固めて、②それを日光で固めた日乾《ひぼ》し煉瓦《れんが》を積み上げてつくった、壁立ちの家です。農耕遺跡（昔の人が田畑を耕していたことがわかるあと）として有名で、七、八千年前といわれる村のあとです。一軒《いっけん》一軒の家が壁でできあがっています。壁を積んでいって、屋根だけは木材を渡《わた》して、③その上にまた土をのせるというかたちで家ができあがっています。柱は一本もありません。

④そのような大規模な遺跡の平面図（空間を上から見た図）を見ると、どうなるでしょうか。イラク（西アジアの国）のウル遺跡では、ほんとうに壁だらけです。「壁探し」考古学（遺跡などから、昔の人の生活・文化を研究する学問）が西洋の考古学である、といってもいいほどです。「柱立ち」の建物がないわけではないのですが、「壁立ち」の家がひじょうに多いのです。

〈佐原真《さはらまこと》「遺跡が語る日本人のくらし」による〉

1 ①それ は、何を指しますか。文章中からぬき出しましょう。

（　　　　）

ヒント 指示語に続く部分に注目。「壁立ち」とよぶのにふさわしい建物は？

2 ②それ は、何を指しますか。「〜もの」に続くように書きましょう。

（　　　　）もの

3 ③その上 とは、どの上ですか。次から一つ選びましょう。

ア 柱でできた家の上。
イ 壁に渡した木材の上。
ウ 壁として積んだ木材の上。

（　　）

4 ④そのような大規模な遺跡 とは、どのような遺跡ですか。次から一つ選びましょう。

ア 石の壁だけでできた建物ばかりの遺跡。
イ 柱が屋根を支える建物ばかりの遺跡。
ウ 壁が屋根を支える建物ばかりの遺跡。

（　　）

ヒント シルキャップ遺跡やチャタルヒュク遺跡は何の例か考えよう。

28 接続語を読み取ろう

要点はここ

1 接続語とは？

接続語とは、文と文、段落と段落などをつなぎ、前後の関係を示す言葉です。接続語があると、文章の流れがわかりやすくなります。

犬を飼う。
えっ
ねこを飼う。
ピクッ
または（選択《せんたく》）
性格のいいほうを飼いたいわ！

2 接続語には、どんな種類があるの？

前のことが原因・理由となって後のことが起きる。	順接	例 だから・それで・すると・したがって
前のことと後のことが逆の内容。	逆接	例 しかし・けれども・ところが・だが
前のことに並べたり、付け加えたりする。	並列《へいれつ》・累加《るいか》	例 そして・また・それから・しかも
前と比べたり、どちらかを選んだりする。	対比・選択《せんたく》	例 または・あるいは・それとも
前のことをまとめたり、補ったりする。	説明・補足	例 ただし・つまり・なぜなら・例えば
前と話題を変える。	転換《てんかん》	例 さて・ところで・では

接続語

「つまり」は漢字で「詰《つ》まり」。言葉が「詰まる」＝「短くなる」ということだよ。前の部分を短く言いかえた表現が後にくることが多いよ。

例題と考え方

この公園は桜で有名だ。例年ならこの時期になれば、満開の桜を楽しむことができる。□、今年はまだ、桜の花がさいていない。

例題 **□に当てはまる言葉を、次から一つ選びましょう。**

ア だから　**イ** しかし　**ウ** また

(1) □の前の内容と、後の内容を確認《かくにん》します。

前 例年…満開の桜。
後 今年…桜の花がさいていない。

比べてみよう！

(2) 前後の内容の関係から、接続語を考えます。

前〈例年〉
今年も満開かと思えば…
逆接
逆の内容
後〈今年〉
あれ…

例題の答え　イ

練習問題

✿ 次の文章を読んで、問題に答えましょう。

➡答えは別冊11ページ

イギリスの森にすむ、オオシモフリエダシャクというガの仲間がいます。

このガは、普通《ふつう》は、木の幹にすっかりとけ込《こ》む、霜降《しもふ》り模様（霜が降りたような白いまだらの点々）の羽を持っているのですが、中には、羽が黒い個体もいます。これは遺伝的な（親の姿や性質などが子に受けつがれる様子）違《ちが》いです。霜降り模様の個体は目立たないので、あまり鳥に食べられません。

一方、黒い羽は木の幹では目立つので、多くが鳥に食べられてしまいます。［　　］、黒い個体の数はとても少なかったのです。

①ところが、産業革命（十八世紀の中ごろから起こった、生産技術の飛躍《ひやく》的な発展による、社会の仕組みの大きな変化）が起こって石炭をたく工場が増えるとともに、空気が汚《よご》れ、森の木の幹も黒くなっていきました。そうしてしばらくすると、工場地帯の近くの汚れた森では、黒いガの数がどんどん増えていったのです。それは、すすで汚れた木の幹では、霜降り模様ではなくて、黒い羽のガのほうが目立たず、鳥に食べられることが少なくなったからです。

こうして、黒い個体のほうが生き延びて子どもを残す数が多くなり、そのあたりの集団では、ほとんどが黒い個体になってしまいました。つまり、②自然淘汰《とうた》による適応が起こったのです。

〈長谷川眞理子《はせがわまりこ》「進化の大研究　恐竜《きょうりゅう》は鳥に近い！」による〉

1　［　　］に当てはまる接続語とその働きを、次から一つ選びましょう。

ア　前の内容が理由を表す「だから」

イ　前の内容と逆の内容を表す「しかし」

ウ　前の内容の例を表す「例えば」

（　　）

2　①ところが　の前後に起きたことをまとめました。（　）に当てはまる文を書きましょう。

・オオシモフリエダシャクの黒い個体は少なかった。

↓ ところが

産業革命で空気が汚れ、森の木の幹が黒くなる。

↓

・（　　　　　　　　）

3　②自然淘汰による適応　とは、ここではどういうことですか。次から一つ選びましょう。

ア　空気が汚染《おせん》されて敵が一気に減り、弱い個体が増加するということ。

イ　環境《かんきょう》に合った、生き残りやすい性質をもった個体が増加するということ。

ウ　人間から身を守るために、集団で生活する個体が増加するということ。

（　　）

「つまり」の後では、前の内容が言いかえられているよ。

29 筆者の意見と理由を読み取ろう

意見と根拠《こんきょ》

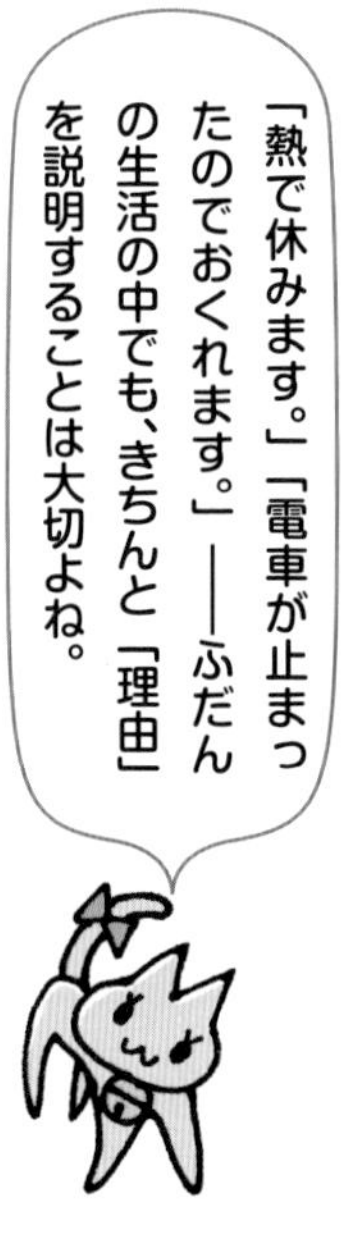
「熱で休みます。」「電車が止まったのでおくれます。」――ふだんの生活の中でも、きちんと「理由」を説明することは大切よね。

要点はここ

1 意見と理由はどんな関係なの？

筆者は**意見**を述べるとき、きちんとした**理由**（**根拠《こんきょ》**）を挙げます。理由となるのは、調査結果や体験などの**事実**です。事実にもとづいた意見だから、読み手を説得できるのです。

全部食べなくちゃ。栄養バランスを考えた献立《こんだて》なんだから。
野菜かあ…
理屈《りくつ》を言われると弱いんだよね。
ムシャ
ムシャ
理屈じゃなくて女の子に弱いんじゃないの？

2 意見と理由はどうとらえるの？

文末の表現に注目して、意見と理由を区別しましょう。

意見	例 「～と思う。」「～だろう。」「～するべきだ。」「～ではないだろうか。」（疑問の形）
理由 根拠	例 「～からである。」（理由を説明）「～によると、」「～である。」（事実を提示）

例題と考え方

　ところで、この森林の衰退《すいたい》を見て、生態系が破壊《はかい》されたと表現する人がいるでしょう。しかし、私は、これは「生態系が変化した」というべきと考えます。なぜなら、そこにはあいかわらずたくさんの生物が暮らしているのです。生物がいれば、そこには生物間の相互《そうご》関係がつくられており、それを介《かい》して物質が循環《じゅんかん》しているからです。

（生態系：ある地域のすべての生物とそれらを取り巻く環境《かんきょう》とを合わせたまとまり。）

〈花里孝幸《はなざとたかゆき》「生態系は誰《だれ》のため？」による〉

例題 **(1)…筆者の意見が述べられている一文と、(2)…その意見の理由となる二文を探し、それぞれの初めの五字をぬき出しましょう。**

(1) **文末の表現に注目します。**

▼「私は……と考えます。」

↓意見が述べられています。

(2) **理由を示す言葉を探します。**

▼「なぜなら、……のです。……からです。」

↓理由が述べられています。

「破壊ではなく、変化だ」が筆者の意見だよ。

例題の答え

(1) しかし、私

(2) なぜなら、

練習問題

✲ 次の文章を読んで、問題に答えましょう。

↓答えは別冊12ページ

いま、日本の子どもたちの味覚があいまい《はっきりしない様子》になっています。そこで私は、①子どもたちにほんものの味を教えることがいまこそひじょうに重要だと主張しています。味覚教育をぜひ食育《食に関する教育》の中に入れてほしいものだと考えているのです。

②あるショッキング《強くおどろかされる様子》な味覚実験があります。かつお節でおいしい出汁《だし》《料理で使う、うま味のある汁》をとります。それと同じぐらいの味の濃《こ》さにして、グルタミン酸ナトリウム《化学調味料の主成分》を入れた液体をつくります。この二種の液を、子どもたちに舐《な》めさせて「どちらがおいしいか」と聞いたそうです。どういう答えになったでしょうか。

多くの子どもたちが、ほんもののかつお節の味とグルタミン酸ナトリウムの味を区別できなかったそうです。これにはたいへん驚《おどろ》きました。なぜかといったら、多くの子どもたちの舌がグルタミン酸ナトリウムの味に画一化《どれも同じくそろう様子》されているからです。

③これはとても困ったことです。日本の子どもたちの舌が「この味だけでもう満足」ということになったら、これからは舌で考えることができない人間になってしまいます。舌でものを考えるのはひじょうに大切なのです。食べることは生きることの基本であって、その生きる基本の入り口のところがみんな同じになってしまったら、どうなるのでしょうか。個性《それぞれの人がもつ、その人だけの性質》を失って特徴《とくちょう》ある人間はできなくなってしまうでしょうし、味気《おもしろみや魅力《みりょく》がなくつまらない》のない、同じような感覚をもった人間しかできなくなってしまうかもしれません。

〈小泉武夫《こいずみたけお》「いのちをはぐくむ農と食」による〉

1 ①子どもたちに……重要だと主張するのは、なぜですか。同じ段落の言葉を使って書きましょう。

（　　　　）

2 ②あるショッキングな味覚実験の結果を、次から一つ選びましょう。

ア 多くの子どもたちが、かつお節のほうがおいしいと判断できた。

イ 全員が、グルタミン酸ナトリウムのほうがおいしいと判断できた。

ウ 多くの子どもたちが、かつお節の味とグルタミン酸ナトリウムの味を区別できなかった。

（　　）

3 ③これはとても困ったことです。と筆者が考えるのは、なぜですか。次から一つ選びましょう。

ア 子どもたちが大人になったら、かつお節が売れなくなってしまうから。

イ 子どもたちの舌が画一化してしまうと、感覚も画一化してしまうおそれがあるから。

ウ 子どもたちの舌が、グルタミン酸ナトリウムの味だけで満足してしまっているから。

（　　）

「これ」とは、直前の「多くの子どもたちの……画一化されている」ことを指すよ。

30 段落の要点をとらえよう

要点・段落の役割

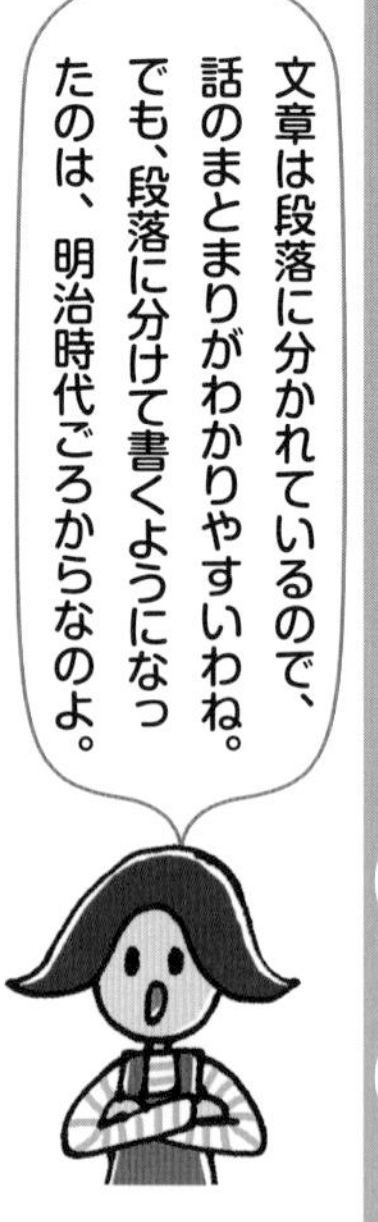
文章は段落に分かれているので、話のまとまりがわかりやすいわね。でも、段落に分けて書くようになったのは、明治時代ごろからなのよ。

勉強した日　月　日

要点はここ

1 段落の要点はどうとらえるの？

要点とは、その段落の中で、最も大事なことです。

❶ 何について述べた段落なのか、キーワードを探します。

❷ 中心文（中心になる文）を見つけます。

中心文の見つけ方

・「つまり」「要するに」など、まとめを示す接続語に注目。

・具体例やたとえ以外の文に注目。

中心文って
このへんて、
はからないの！
段落の最初か最後のことが多いわよ。

2 段落にはどんな役割があるの？

文章全体の中で、その段落がもつ役割を考えましょう。

①	導入 問題提起	話題や問題を示す。
②	説明・例示 理由・根拠《こんきょ》	前の内容をくわしく説明したり、具体例を挙げたりする。
③	まとめ	筆者の主張など、最も言いたいことを述べる。

例題と考え方

例題 **この段落の要点をまとめましょう。**

ウェブ《インターネットの情報網》では、ありとあらゆる情報が共有され、世界中に伝わっていきます。共有される情報に、いい・悪いの区別はありません。とにかくすべてが共有されます。そのなかで、いまもっとも問題にされているのが、その情報が信頼《しんらい》できるものなのかということです。たとえば、あるニュースを読んだときに、それを信じていいのかいけないのかということです。

〈大向一輝《おおむかいいっき》「ウェブがわかる本」による〉

(1) 中心文を探します。

▼「……もっとも問題にされているのが……」

→これが中心文！

(2) 中心文をもとに、要点をまとめます。

▼「その情報が信頼できるものなのか」

指示内容を補う！

ウェブで共有される情報

筆者の強い思いが表れているよ！

例題の答え 例 **ウェブで共有される情報は信頼できるものなのかということが、問題にされている。**

練習問題

✲ 次の文章を読んで、問題に答えましょう。 ➡答えは別冊12ページ

1 「政治」という言葉を聞いて、みなさんはどのようなものを連想しますか。

2 総理大臣の顔を思い浮《う》かべる人が多いかもしれません。国会議事堂やその周辺でさまざまな活動をする政治家たちをイメージする人もいるでしょう。あるいは、彼《かれ》らをえらぶ選挙のことを考える人もいるのではないでしょうか。

3 もちろん、国会は政治の重要な舞台《ぶたい》ですが、そこが政治のすべてではありません。身近な市町村や都道府県にも政治はあります。また、国を超《こ》えた世界のレベルでも、国際連合やサミットを舞台とした政治もあります。

4 政治にはいろいろな次元の舞台がありますが、これらに共通するものは何なのでしょうか。

5 政治とよばれる活動に共通する本質は、一つの社会を構成する人々や団体を拘束《こうそく》する決まりごと、ルールを作るという点にあります。このルールはたんなる努力目標ではありません。拘束力をもつところに特徴《とくちょう》があります。ルールを破った場合、そのルールを守るよう強制されたり、制裁を受けたりするのです。たとえば、所得があって税金を払《はら》わなければならない人が納税を怠《おこた》っていると、財産を差し押《お》さえられて、罰《ばつ》を受けることになっています。

〈山口二郎《やまぐちじろう》「政治のしくみがわかる本」による〉

サミット：主要国首脳会議
本質：物事の根本的な性質
拘束する：行動や考えなどの自由を制限する
努力目標：努力するのが大事で、実現できなくてもよい目標
制裁：ルールを破った人が受ける罰
所得：労働や資産から得る収入
怠っている：するべきことをしないでいる

---

1 2・4・5段落の働きを、次から一つずつ選びましょう。

ア 新たな問題を提起している。
イ 前の段落の内容をくわしく説明している。
ウ この文章の結論を述べている。

2（　　）　4（　　）　5（　　）

2 3段落の要点を、次から一つ選びましょう。

ア 政治には、国会や市町村、サミットといったさまざまな次元の舞台がある。
イ 国会よりも、身近な市町村や都道府県での政治が大切だ。
ウ 国内の政治よりも、国際連合やサミットなどの国際政治が重要だ。

（　　）

3 5段落の要点を、次から一つ選びましょう。

ア 社会では、ルールを破った場合、制裁を受ける必要がある。
イ 政治の本質は、拘束力をもつルールを作ることである。
ウ 納税を怠ると、財産を差し押さえられ、罰を受けなくてはならない。

（　　）

中心文を見分けよう。「たとえば」以降は例なので、中心文にはならないよ。

31 要旨《ようし》をとらえよう

要旨

要旨をとらえるには、文章全体の理解が必要だよ。サッカーで、目の前の敵だけでなく、全体に目配りすることが大事なようにね。

要点はここ

1 要旨《ようし》とは？

要旨とは、文章を通して、筆者が最も強く述べたい考えのことです。つまり、筆者の意見の中心です。

2 要旨はどうとらえるの？

❶ 話題をつかみます。

キーワードや題名を手がかりにして、「何について」書かれた文章なのかを読み取ります。

❷ 結論が書かれた段落をおさえます。

筆者が、最終的な意見を述べている部分を探します。

・結論は、たいてい文章の最初か最後にあります。
・「～べきだ。」など、強い主張を示す表現に注目します。

❸ 要旨をまとめます。

結論段落の中心文をもとに、各段落の要点から必要な要素を補って、要旨をまとめます。

結論段落の中心文
他段落の要点
指示内容
キーワード
指示語
ポイッ

例題と考え方

子どもの理科離《ばな》れが声高《こわだか》に語られているが、それはとりもなおさず《そのまま》大人の科学離れを表している。もう一度、科学絵本を繙《ひもと》いて《開いて》虫や海辺の動物や宇宙のことを読み直してみれば、科学とはもはや縁《えん》を切ったつもりの自分を見直してみたいと思うことは確実である。科学絵本を手にとってみることを是非《ぜひ》お薦《すす》めしたい。

〈池内了《いけうちさとる》「科学の落《おと》し穴《あな》」による〉

例題 **この文章の要旨《ようし》をまとめましょう。**

(1) 話題をつかみます。

▼子どもの理科離れ＝大人の科学離れ

(2) 結論をおさえます。

▼「科学絵本を手にとってみることを是非お薦めしたい。」（＝中心文）

↓大人が科学絵本を読むことを薦める。

(3) (1)・(2)をもとに、要旨をまとめます。

科学絵本を読み直してみれば、科学に再び興味がもてるってこと！

例題の答え 例 **科学離れをした自分を見直すために、大人に科学絵本を読むことを薦めたい。**

練習問題

✲ 次の文章を読んで、問題に答えましょう。 ➡答えは別冊12ページ

1 書くということはまた、「視《み》える化」するということでもある。

2 このことで得られる効果は、大きく二つある。一つは、情報や思考をいったん外に出すことで脳にフィードバック《結果を原因側にもどして反映させること》できる効果。もう一つは、みんなで情報をシェア《共有すること》し、智恵《ちえ》を出し合うという効果である。情報や思考をアウトプット《外に出すこと》し、それをフィードバックすることで、脳は発想のルート《決まった道筋》を完結させるのだ。

3 だから、自分の手で書いて、「書いている自分」と「それを読む自分」をコミュニケーション《意思や感情を伝え合うこと》させることが大切だ。頭の中だけで両者を対話させるのは、きわめて難しい。書くという行為《こうい》は、頭の中の漠然《ばくぜん》とした《ぼんやりしてはっきりしない》思考や情報を明確にし、対話を完結させることができる絶好《きわめてよい》の作業なのである。

4 書かなければ忘れて消えていってしまうようなささやかな考えや小さな気づきでも、目に見える形にすることで定着《しっかりと根づく》する。それを続けていけば、考える能力や気づきの精度《正確さの程度》は高まっていく。「こんなつまらないこと」などと思わなくてもいい。実際にはたいしたことでなくても構わない。気づいたこと、感じたことを、日々つづる《文章を書く》。その積み重ねがひらめく《考えが一瞬で思いうかぶ》力を身につける近道だ。

〈茂木《もぎ》健一郎《けんいちろう》「ひらめきの導火線」による〉

---

1 書いて「視える化」するとは、別の言葉でいうとどうすることですか。2段落の言葉を使って書きましょう。

（　　　　）

2 結論が書かれている段落はどこですか。段落番号を書きましょう。

（　　）段落

ヒント 「書く」ことが、最終的に何につながるのかが書かれている段落だよ。

3 この文章で、筆者はどんなことを最も強く述べたかったのですか。次から一つ選びましょう。

ア 書くことで、人は情報や思考を外に出し、脳の発想のルートを完結させることができる。

イ 書くことで、「書いている自分」と「それを読む自分」をコミュニケーションさせられる。

ウ 書くことで、考える能力や気づきの精度が高まり、ひらめく力が身につく。

（　　）

ヒント 話題と結論の内容の両方をきちんとおさえている選択肢《せんたくし》を選ぼう。

まとめのテスト

勉強した日　月　日

答えは別冊13ページ

得点　/100点

✿ 次の文章を読んで、問題に答えましょう。

1 ぼくは一九九〇年代に八年ほどエジプトのカイロで暮らしたことがある。暮らしはじめるにあたって、アパートを探したり、生活に必要な日用品をそろえたりした。そのたびに①違和《いわ》感をおぼえたのは、エジプトと日本の美的センスのちがいだった。

2 たとえば、アパートの内装――。

3 外国人が借りるのは、ほとんどが家具付きのアパートだ。しかし、せっかく間取《まど》りや場所は気に入っても、置いてある家具になかなかなじめない。ヴェルサイユ宮殿《きゅうでん》*1からもってきたかのような猫足《ねこあし》のテーブル、パーティー会場のようなシャンデリア、金色に塗《ぬ》られた派手な枠付《わくつ》きの鏡、ピンクに金の花柄《はながら》をあしらったベッドなど、異様なゴージャス*2感にあふれているのだ。

4 電化製品も②そうだった。扇風機《せんぷうき》を買いに電気屋に行くと、店に並んでいる扇風機の羽の大半が金色である。ただでさえ暑いのに、金色の羽で送られてくる風なんて、いっそう暑苦しそうである。

5 妻が靴《くつ》を買いに行っても、シンプル*3な黒のパンプス*4がない。金色のラインが何本も入っていたり、金ぴかのチョウチョの飾《かざ》りがくっついていたりする。それがなければいいのにと彼女《かのじょ》はいうのだが、エジプトの人にとっては、この金ぴかの飾りこそがチャームポイント*5なのである。

6 A、シック*6なもの、シンプルなものというのは、ここでは趣味《しゅみ》のよいものとは見なされない。金づくしプラス、ヴェルサイユ宮殿風のロココ*7趣味、それがエジプトでは美の条件と見られていたのだ。さすが、ツタンカーメン*8の黄金のマスクの国だけある。国や文化が変われば、美的感覚は大きく異なるものだなあと感心したものだった。

7 ところが、それから三、四年ほどたったころだ。店で見かける電化製品や家具などの趣味が、明らかに変わってきたことに気づいた。

8 B、数年前にはなかなか見つからなかった黒いシンプルな靴が目につくようになった。扇風機の羽も金色から、涼《すず》しげな色のものが増えてきた。女性たちの化粧《けしょう》も変化した。以前はエジプトで口紅といえば、たいていショッキングピンク*9か派手な赤だったのが、シックなブラウン系の口紅をつけた女性を見かけるようになった。それでも日本と比べれば十分、派手でゴージャスなのだが、以前と比べると違和感は明らかに減った。

9 いえることは二つある。一つは、なにを美しいと感じるかは文化や地域によって、さまざまだということ。もう一つは、その感覚は絶対的なものではなくて、時代とともに、あるいは何かのきっかけがあれば「C」ということだ。

〈田中真知《たなかまち》「美しいをさがす旅にでよう」による〉

（注）＊1ヴェルサイユ宮殿…フランスの、十七、十八世紀を代表する宮殿。
＊2ゴージャス感…はなやかである様子。
＊3シンプル…すっきりしている様子。＊4パンプス…婦人靴の一種。
＊5チャームポイント…魅力《みりょく》的なところ。
＊6シック…上品で落ち着いている様子。
＊7ロココ趣味…優美で繊細《せんさい》な装飾《そうしょく》を好むこと。
＊8ツタンカーメン…古代エジプトの王。
＊9ショッキングピンク…あざやかなピンク。

1 [A]・[B]に当てはまる接続語を次から一つずつ選び、記号で答えなさい。 10点×2（20点）

ア しかし　イ さて
ウ たとえば　エ つまり

A（　　）　B（　　）

2 ①違和感をおぼえた とありますが、筆者の感じた違和感に当てはまるものを、次から一つ選び、記号で答えなさい。（20点）

ア 日本人とエジプト人の美的センスがとても似ていたこと。
イ エジプト人が日本人の感覚を理解しようとしないこと。
ウ 日本人からすると、エジプト人の好みは派手すぎること。
エ エジプト人が日本人よりも機能的な品々を好むこと。

（　　）

3 ②そうだった とありますが、どうだったのですか。二十字以内で書きなさい。（20点）

（　　）

4 [1]〜[6]段落を通して、筆者が述べたいことは何ですか。[7]段落より後から一文で探し、初めの五字をぬき出しなさい。（20点）

5 [C]に当てはまる言葉を次から一つ選び、記号で答えなさい。（20点）

ア 落ち着く　イ 変わる
ウ なくなる　エ 増える

（　　）

プラスワン 「要点」と「要旨《ようし》」はどうちがう？

「要点」と「要旨」は、どうちがうのでしょうか。「要点」は、段落など、ある部分の中でのまとめです。いっぽう「要旨」は、文章を通して、筆者が最も述べたい考えのことです。この文章では、問4と問5が要旨に関する問題です。

ちなみに「旨」は、「考えている内容」という意味をもつ漢字です。

特集 かんたんチェック 説明文・論説文の読解に役立つ三字熟語

○○的

「○○」の様子や状態にあることを表す。

□客観的▼自分だけの個人的な立場にとらわれず、物事をありのままに見る様子。

□具体的▼はっきりとした形や内容をもっている様子。

□主観的▼自分だけの個人的な見方や感じ方による様子。

□抽象的《ちゅうしょうてき》▼具体性に欠け、おおまかで一般《いっぱん》的な様子。

□典型的▼ある種のものの特徴《とくちょう》をよく表している様子。

□必然的▼必ずそうなる様子。

□無機的▼生命力の感じられない様子。

□有機的▼多くの部分が密接に結び付いて、全体を形作っている様子。

問題 対《つい》になる言葉を線でつなぎましょう。

□① 客観的・　・ア 有機的
□② 抽象的・　・イ 消極的
□③ 無機的・　・ウ 具体的
□④ 積極的・　・エ 主観的

○○性

「○○」の性質や傾向《けいこう》をもっていることを表す。

□一過性▼すぐに現れてすぐに消えてしまうような性質。

□一貫性《いっかんせい》▼最初から最後まで、同じ一つの考えが持続していること。

□公共性▼広く社会全般《ぜんぱん》の利害に関わる性質。

□多様性▼異なる性質のものが、広く存在すること。

□特殊性《とくしゅせい》▼一部のものにしか当てはまらない、特別な性質。

□独創性▼独自の考えで何かを創《つく》り出す能力。今までにない新しい性質。

□普遍性《ふへんせい》▼すべての物事に通じる性質。

○○観

「○○」に対する考え方・見方。

□価値観▼何にどのような価値を認めるかという個人の評価。

□人生観▼人間の生き方や人生の意味などについての考え方。

□先入観▼前もっていだいている思いこみ。

○○化

「○○」のように変わる・変えること。

□一元化▼いくつかに分かれている組織や問題などを、統一すること。

□可視化▼人の目には見えない現象などを、グラフや図など、見えるものにすること。

□形骸化《けいがいか》▼実質をなくして、形ばかりのものになってしまうこと。

□絶対化▼他のなにものとも比較《ひかく》できず、それだけで価値をもつとすること。

□相対化▼物事を他との比較でとらえること。

無○○

「○○」がない。「○○」でない。

□無秩序《ちつじょ》▼法則がなく、乱れている様子。

□無意識▼意識がないこと。意識がおよばない領域のこと。

問題 （　）に当てはまる言葉を選び、記号で答えましょう。

□⑤ 政治に（　）な人々。　ア 無意味
□⑥ （　）な議論。　イ 無作為《さくい》
□⑦ （　）に選出する。　ウ 無関心

〈答え〉 ①エ ②ウ ③ア ④イ ⑤ウ ⑥ア ⑦イ

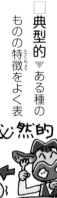

5 詩・短歌・俳句

短歌の要素

- 五・七・五・七・七
- 句切れ

俳句の要素

- 五・七・五
- 季語　● 切れ字

詩でよく使われる表現技法

比喩《ひゆ》（直喩《ちょくゆ》・隠喩《いんゆ》・擬人《ぎじん》法）
体言《たいげん》止め・倒置《とうち》

本当に好きなのは？

32 詩の種類と表現を学ぼう

詩の特徴《とくちょう》

詩と文章のちがいは何だろう？
詩には定型のリズムをもつものがある、段落の代わりに「連」がある、短い言葉で表現する、などかな。

要点はここ

1 詩の種類には、どんなものがあるの？

文体で分類
- 文語《ぶんご》詩…昔の言葉（文語）で書かれた詩。
- 口語《こうご》詩…現代の言葉（口語）で書かれた詩。

形式で分類
- 定型詩…音数や行数に一定のきまりがある詩。
- 自由詩…音数や行数にきまりがない詩。

2 詩の表現技法には、どんなものがあるの？

❶ 比喩《ひゆ》…あるものを他のものにたとえて表現します。

比喩	
直喩《ちょくゆ》	「ようだ」などの言葉を使って直接たとえます。
隠喩《いんゆ》	「ようだ」などの言葉を使わずにたとえます。
擬人法《ぎじんほう》	人間でないものを人間のように表します。

擬人法
雲がのんびり散歩する
隠喩
雲は できたての わたあめ

❷ 体言《たいげん》止め…文や行を体言（名詞）で終えて、余韻《よいん》を残します。

❸ 倒置《とうち》…ふつうとは語順を入れかえて、強調します。

❹ 反復《はんぷく》…同じ言葉をくり返して、リズムを生みます。

❺ 対句《ついく》…組み立ての似た語句を並べて、強調します。

例題と考え方

例題 次の詩の、客①と赤い部屋②は、何をたとえていますか。

チューリップ　　三好達治《みよしたつじ》

蜂《はち》の羽音が
チューリップの花に消える
微風《びふう》の中にひっそりと
客①を迎《むか》えた赤い部屋②

● 1～2行目と4行目を比べてみます。

▼「蜂の羽音が／チューリップの花に消える」

▼「客を迎えた赤い部屋」

蜂がチューリップの花の中に入っていったんだね。

「ようだ」を使わない比喩だから、隠喩だ！

例題の答え　①蜂　②（赤い）チューリップの花

練習問題

✲ 次の詩を読んで、問題に答えましょう。

➡答えは別冊13ページ

土

金子《かねこ》みすゞ《ず》

第一連*

こッつん　こッつん
打《ぶ》たれる土は
よい畠《はたけ》になって
よい麦生むよ。

第二連

朝から晩まで
踏《ふ》まれる土は
よい路《みち》になって
車を通すよ。

ア

第三連

打たれぬ土は
踏まれぬ土は
要《い》らない土か。

イ

第四連

いえいえそれは
名のない草の
お宿をするよ。

ウ

（注）*連…詩の中のまとまりを「連」といいます。

1 この詩は、次のどちらですか。記号で答えましょう。

ア 文語詩
イ 口語詩

（　　）

2 2〜4行目と対《つい》になっている部分を、詩の中の**ア**〜**ウ**から一つ選びましょう。

（　　）

ヒント　「……土は／よい○になって／……よ。」という組み立てになっているのは？

3 この詩で作者の最も言いたいことは、

(1) 第何連に書かれていますか。

第（　　）連

(2) また、それはどのようなことですか。次から一つ選びましょう。

ア 打たれたり踏まれたりする土は、かわいそうだ。
イ 畑や道路にならない土は、なんの役にも立たない。
ウ どんなものでも、何かの力になっているのだ。

（　　）

ヒント　「要らない土か」に対して、どう答えているかな。

33 短歌のきまりと表現を学ぼう

短歌の特徴《とくちょう》

短歌は、明治時代以降の歌を指すの。「万葉集《まんようしゅう》」などの昔の歌は、形式としてはほとんどが短歌と同じだけど、「和歌」とよぶのよ。

要点はここ

1 短歌はどんな形式なの？

短歌は、五・七・五・七・七の五句三十一音が定型です。

定型の音数より多いと**字余り**、少ないと**字足らず**といいます。

例

病《や》める児《こ》は　ハモニカを吹《ふ》き　夜《よ》に入《い》りぬ

もろこし畑《ばた》の　黄《き》なる月《つき》の出《で》

北原白秋《きたはらはくしゅう》

初句《しょく》 五音／第二句 七音／第三句 五音（上《かみ》の句）

第四句 七音／結句《けっく》 七音（下《しも》の句）

（病気の子がハーモニカを吹いていると、夜になった。とうもろこし畑の上に黄色い月が出た。）

2 句切れ・表現技法とは？

❶ 句切れ…意味や調子の切れ目を、句切れといいます。

・初句切れ　五／七五七七　・二句切れ　五七／五七七

・三句切れ　五七五／七七　・四句切れ　五七五七／七

・句切れなし　五七五七七　例の歌「夜に入りぬ」→三句切れ

❷ 表現技法…直喩《ちょくゆ》・隠喩《いんゆ》・擬人《ぎじん》法・体言《たいげん》止め・倒置《とうち》などが使われます。　例の歌「……月の出」→体言止め

例題と考え方

例題　**次の短歌について、答えましょう。**

A　白鳥《しらとり》はかなしからずや空の青　海のあを（お）にも染まずただよふ（う）　若山牧水《わかやまぼくすい》

B　瓶《かめ》にさす藤《ふじ》の花ぶさみじかければ　たたみの上にとどかざりけり　正岡子規《まさおかしき》

(1) **Aの短歌は、何句切れですか。**

(2) **Bから、字余りになっている句をぬき出しましょう。**

(1) 句切れは、意味や調子の切れ目を探します。

▼「白鳥は悲しくはないのだろうか。／空の青色にも海の青色にも染まらずただよっている。」という意味です。

(2) 字余りは、五・七・五・七・七の定型より音数の多い句を探します。

瓶《かめ》にさす（五音）　藤《ふじ》の花《はな》ぶさ（七音）　みじかければ（六音）

たたみの上《うえ》に（七音）　とどかざりけり（七音）

例題の答え

(1) 二句切れ

(2) みじかければ

練習問題

1 次の短歌を読んで、問題に答えましょう。

➡答えは別冊13ページ

A 海恋《こい》し潮《しお》の遠鳴りかぞへ《（え）》ては
少女《おとめ》となりし父母《ちちはは》の家　与謝野晶子《よさのあきこ》

B 砂原と空と寄合《よりあ》ふ《（う）》九十九里《くじゅうくり》の
磯《いそ》行く人ら蟻《あり》のごとしも　伊藤左千夫《いとうさちお》

1 Aの短歌は、何句切れか答えましょう。
（　　）

意味を考えて、「。」が付くところを探そう。

2 Bの短歌で使われている表現技法を、次から一つ選びましょう。
（　　）

ア 直喩《ちょくゆ》　イ 体言《たいげん》止め
ウ 擬人《ぎじん》法

3 Aの短歌の鑑賞《かんしょう》文を、次から一つ選びましょう。
（　　）

ア 潮騒《しおさい》の音が聞こえる家に住む父母を心配している。
イ 潮騒の音が聞こえる家に住んでみたいとあこがれている。
ウ 潮騒の音を聞いて育った故郷のことをなつかしんでいる。

2 次の短歌を読んで、問題に答えましょう。

A 連結をはなれし貨車《かしゃ》がやすやすと
走りつつ行く線路の上を　佐藤佐太郎《さとうさたろう》

B 誰《たれ》が見ても
われをなつかしくなるごとき
長き手紙を書きたき夕《ゆうべ》　石川啄木《いしかわたくぼく》

1 A・Bの短歌のうち、字余りなのはどちらですか。記号で答えましょう。
（　　）

2 A・Bの短歌で使われている表現技法を、次から一つずつ選びましょう。
A（　　）　B（　　）

ア 隠喩《いんゆ》　イ 体言《たいげん》止め
ウ 倒置《とうち》

Aの短歌は、第四句と結句の関係に注目しよう。

3 Bの短歌で表されている作者の心情は、どのようなものですか。次から一つ選びましょう。
（　　）

ア 親しい友達に会いたい気持ち。
イ 孤独《こどく》で人恋《こい》しい気持ち。
ウ することがなくて退屈《たいくつ》な気持ち。

34 俳句のきまりと表現を学ぼう

俳句の特徴《とくちょう》

俳句は、世界一短い定型詩といわれているのよ。季節を表す言葉を入れるところが、短歌とはちがうわよ。

勉強した日　月　日

要点はここ

1 俳句はどんな形式なの？

俳句は、五・七・五の三句十七音が定型です。

例

初句《しょく》 五音	第二句 七音	第三句 五音
いくたびも	雪の深さを	尋《たず》ねけり
上《かみ》の句（上五）	中《なか》の句（中七）	下《しも》の句（下五）

正岡子規《まさおかしき》

2 季語とは？

季語とは、季節を表す言葉です。一つの俳句に一つ詠《よ》みこむのがきまりです。

例 雪＝季節は冬

3 切れ字とは？

切れ字とは、「や・かな・けり」など、意味や調子の切れ目を示す語で、感動を表します。

例 いくたびも　雪の深さを　尋ね（けり）←切れ字

4 無季《むき》俳句・自由律《じゆうりつ》俳句とは？

季語を詠みこまない俳句を無季といい、五・七・五の定型どおりでない俳句を自由律といいます。

例 入れものが無い両手で受ける　尾崎放哉《おざきほうさい》

季語については96ページへ

例題と考え方

例題 次の俳句の、(1)…季語と季節、(2)…切れ字、(3)…使われている表現技法を答えましょう。

ひつ《っ》ぱれる糸まつ《っ》すぐや甲虫《かぶとむし》　高野素十《たかのすじゅう》

(1) 季語は、季節を感じさせる言葉に注目します。

▼「甲虫」

↓夏に見かける昆虫《こんちゅう》です。

(2) 切れ字は、「や・かな・けり」などです。

▼「糸まっすぐや」

甲虫の力強さへの感動がこめられている。

ここもたいせつ 切れ字は、作者の感動の中心を示します。

(3) 俳句でも、直喩《ちょくゆ》・隠喩《いんゆ》・擬人法《ぎじんほう》・体言止《たいげんど》め・倒置《とうち》などの表現技法が使われます。

↓第三句が「甲虫」と、体言（名詞）で終わっています。

例題の答え
(1) 甲虫・夏
(2) や
(3) 体言止め

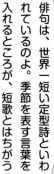

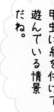

練習問題

1 次の俳句を読んで、問題に答えましょう。

↓答えは別冊14ページ

A 閑《しず》かさや岩にしみ入る蝉《せみ》の声　松尾芭蕉《まつおばしょう》

B 桐一葉《きりひとは》日当《あた》りながら落ちにけり　高浜虚子《たかはまきょし》

C ＊みづ《（ず）》すまし水に跳《はね》て水鉄の如《ごと》し　村上鬼城《むらかみきじょう》

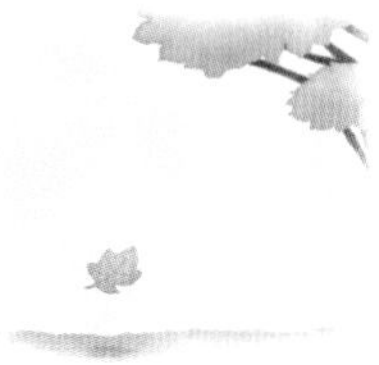

（注）＊みづすまし…あめんぼ。

1 Aの俳句の、Ⅰ…季語と、Ⅱ…季節を書きましょう。

Ⅰ（　　）　Ⅱ（　　）

2 A・Bの俳句から、切れ字を一つずつぬき出しましょう。

A（　　）　B（　　）

3 A・Cの俳句で使われている表現技法を、次から一つずつ選びましょう。

A（　　）　C（　　）

ア 直喩《ちょくゆ》　イ 隠喩《いんゆ》

ウ 体言止《たいげんど》め

C「……の如し」は「…のようだ」という意味だよ。

2 次の俳句を読んで、問題に答えましょう。

A 咳《せき》の子のなぞなぞあそびきりもなや　中村汀女《なかむらていじょ》

B 夏草に汽罐車《きかんしゃ》の車輪来て止《とま》る　山口誓子《やまぐちせいし》

C 分け入つ《（っ）》ても分け入つ《（っ）》ても青い山　種田山頭火《たねださんとうか》

1 Aの俳句の、Ⅰ…季語と、Ⅱ…季節を書きましょう。

Ⅰ（　　）　Ⅱ（　　）

2 A～Cの俳句から、自由律俳句を一つ選びましょう。

（　　）

3 A～Cの俳句で表現されていることを、次から一つずつ選びましょう。

A（　　）　B（　　）　C（　　）

ア 自然の生命力と重々しい人工物との対比。

イ どうしてもふりはらうことのできない苦悩《くのう》。

ウ 風邪《かぜ》を引いた子供の相手をしてやる母親の愛情。

B「夏草」「汽罐車の車輪」に注目しよう。C深い山を一人で歩いていく作者の心情を想像しよう。

まとめのテスト

勉強した日　月　日

得点　/100点

答えは別冊14ページ

1 次の詩を読んで、問題に答えましょう。

熟《う》れる一日　吉野弘《よしのひろし》

第一連

赤い水瓜《すいか》の内側のような
夕焼け。
こんなに良く熟れる夏の一日もある。

第二連

空にいらっしゃる方《かた》が
大きなスプーンで
ひと掻《か》きずつ
夕焼けを
掬《すく》って　召《め》しあがるのか
赤いおいしそうなところが
ゆっくり　減ってゆく。

第三連

暑かった昼のほとぼりのさめないまま
たちこめる青い暮色《ぼしょく》。
空の高いところに
かすかに赤い横雲が一筋
食べ残された風情《ふぜい》で。

（注）＊暮色…夕暮れの薄暗《うすぐら》い色。

1 赤い水瓜の内側のような／夕焼け。で使われている表現技法を次から二つ選び、記号で答えなさい。　5点×2（10点）

ア　直喩《ちょくゆ》
イ　隠喩《いんゆ》
ウ　倒置《とうち》
エ　体言止《たいげんど》め

（　）（　）

2 第二連は、何をどのように表現していますか。（　）に当てはまる言葉を、詩の中からぬき出しなさい。　5点×2（10点）

赤い（　）の空が少しずつ暗い青色になっていく様子を、空にいらっしゃる方がスプーンでひと掻きずつ赤いところを掬って（　）ようだと表現している。

3 この詩では、何に対する感動がえがかれていますか。（　）に当てはまる言葉を考えて書きなさい。　（10点）

夕焼けのときの（　）の変化の美しさ。

2 次の短歌を読んで、問題に答えましょう。

A うすべにに葉はいちはやく萌《も》えいでて
咲《さ》かむ（ん）とすなり山桜花《やまざくらばな》　若山牧水《わかやまぼくすい》

B 葛《くず》の花　踏《ふ》みしだかれて、色あたらし。
この山道を行きし人あり　釈迢空《しゃくちょうくう》

C まだ何も書かれていない予定表
なんでも書ける
これから書ける　俵万智《たわらまち》

1 Aの短歌の句切れを次から一つ選び、記号で答えなさい。（10点）

ア 初句《しょく》切れ　**イ** 二句切れ　**ウ** 三句切れ
エ 四句切れ　**オ** 句切れなし

（　　）

2 次の鑑賞文《かんしょう》に合う短歌を、A～Cから一つずつ選び、記号で答えなさい。10点×2（20点）

① 似た二つの句を並べて、未来に明るい希望をいだく気持ちを強調している。
② 足もとの小さな自然の発見から、ほんの少し前に起きた出来事に思いをはせている。

①（　　）　②（　　）

3 次の俳句を読んで、問題に答えましょう。

A 五月雨《さみだれ》や大河を前に家二軒《にけん》　与謝蕪村《よさぶそん》

B 水枕《みずまくら》ガバリと寒い海がある　西東三鬼《さいとうさんき》

C 春一番あしたの私《わたし》連れてくる　黛《まゆずみ》まどか

1 Aの俳句の、Ⅰ…季語と、Ⅱ…季節を書きなさい。5点×2（10点）

Ⅰ（　　）　Ⅱ（　　）

2 次の鑑賞文に合う俳句を、A～Cから一つずつ選び、記号で答えなさい。10点×3（30点）

① 新しい季節の到来《とうらい》に、自分の未来を重ねている。
② 大きな自然と人間の小さな営みを対比している。
③ 作者の胸にせまる不安を、擬声語《ぎせいご》で強調している。

①（　　）　②（　　）　③（　　）

プラスワン　季語が表す季節は？

「七夕」という季語の季節はいつでしょう？　実は「秋」なのです。季語は昔の暦《こよみ》にしたがっているので、七月は「秋」に当たるのです。このように、今の季節感とはちがう季語もあるので、注意しましょう。

特集 かんたんチェック 覚えておきたい季語

	新年	春（旧暦《きゅうれき》1～3月 新暦2～4月）	夏（旧暦4～6月 新暦5～7月）	秋（旧暦7～9月 新暦8～10月）	冬（旧暦10～12月 新暦11～1月）
時候	新年 去年今年《こぞことし》 旧年 元旦《がんたん》 松の内《うち》	立春《りっしゅん》 余寒《よかん》 春寒《はるさむ》 啓蟄《けいちつ》 彼岸《ひがん》 暖か 花冷え 日永《ひなが》 八十八夜《はちじゅうはちや》	麦の秋 皐月《さつき》 入梅《にゅうばい》 梅雨寒《つゆざむ》 土用 暑し 涼《すず》し 秋近し	残暑 秋めく 新涼《しんりょう》 仲秋《ちゅうしゅう》 夜長《よなが》 さわやか 夜寒《よさむ》 肌寒《はださむ》 秋深し 行秋《ゆくあき》	小春《こはる》 師走《しわす》 年の暮《くれ》 行年《ゆくとし》 年越《としこし》 除夜 大寒《だいかん》 凍《こお》る 春近し 節分
天文・地理	初日《はつひ》 初空《はつぞら》 初凪《はつなぎ》 初富士《はつふじ》 初景色《はつげしき》 若菜野《わかなの》	朧月《おぼろづき》 東風《こち》 春一番 菜種梅雨《なたねづゆ》 山笑う 水温《みずぬる》む 残雪 雪解《ゆきどけ》 霞《かすみ》 花曇《はなぐもり》 陽炎《かげろう》 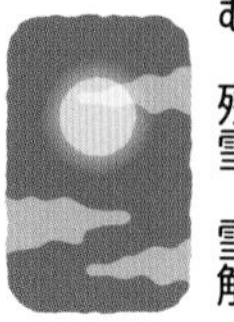	雲の峰《みね》 南風 薫風《くんぷう》 梅雨《つゆ》 五月雨《さみだれ》 夕立《ゆうだち》 虹《にじ》 雷《かみなり》 夕焼《ゆうやけ》 日陰《ひかげ》 青田《あおた》 清水《しみず》 五月晴《さつきばれ》	鰯雲《いわしぐも》 月 名月《めいげつ》 天の川《あまのがわ》 野分《のわき》 台風 稲妻《いなずま》 霧《きり》 露《つゆ》 	凩《こがらし》 北風 時雨《しぐれ》 霜《しも》 霙《みぞれ》 雪 風花《かざはな》 山眠《ねむ》る 枯野《かれの》 氷
動物	初鶏《はつとり》 初雀《はつすずめ》	鶯《うぐいす》 雲雀《ひばり》 燕《つばめ》 囀《さえず》り 雀《すずめ》の子 蛙《かわず》《かえる》 若鮎《わかあゆ》 蝶《ちょう》 蜂《はち》 	雨蛙《あまがえる》 時鳥《ほととぎす》 燕《つばめ》の子 鮎《あゆ》 金魚 目高《めだか》 初鰹《はつがつお》 鰻《うなぎ》 毛虫 蛍《ほたる》 甲虫《かぶとむし》 蟬《せみ》 蟻《あり》 蚊《か》 	鹿《しか》 啄木鳥《きつつき》 雁《かり(がん)》 秋刀魚《さんま》 鮭《さけ》 鰯《いわし》 蜻蛉《とんぼ》 虫の音《ね》 松虫 蓑虫《みのむし》 燕《つばめ》帰る 	熊《くま》 狐《きつね》 狸《たぬき》 水鳥 鴨《かも》 白鳥《はくちょう》 鮟鱇《あんこう》 河啄《ふぐ》 冬蜂《ふゆばち》 
植物	楪《ゆずりは》 福寿草《ふくじゅそう》 若菜 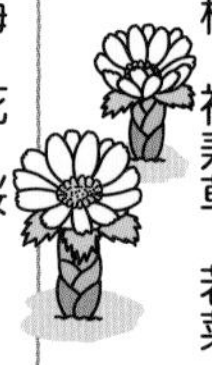	梅 花 桜 椿《つばき》 山吹《やまぶき》 桃《もも》の花 柳《やなぎ》 竹の秋 菜の花 チューリップ 若草 蒲公英《たんぽぽ》 土筆《つくし》	葉桜 牡丹《ぼたん》 薔薇《ばら》 紫陽花《あじさい》 若葉 新緑 青葉 万緑《ばんりょく》 百合《ゆり》 向日葵《ひまわり》 	桃《もも》 梨《なし》 林檎《りんご》 葡萄《ぶどう》 栗《くり》 紅葉《もみじ》 桐一葉《きりひとは》 団栗《どんぐり》 銀杏《ぎんなん》 竹の春 菊《きく》 芋《いも》 萩《はぎ》 芒《すすき》	寒椿《かんつばき》 山茶花《さざんか》 蜜柑《みかん》 木の葉《このは》 落葉《おちば》 枯葉《かれは》 枯木《かれき》 白菜 大根 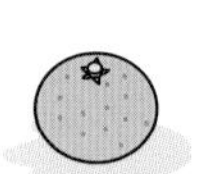
生活・行事	門松《かどまつ》 雑煮《ぞうに》 賀状 書初《かきぞめ》 独楽《こま》 初夢 初詣《はつもうで》	春眠《しゅんみん》 卒業 入学 遠足 麦踏《むぎふみ》 種蒔《たねまき》 茶摘《ちゃつみ》 花見 雛祭《ひなまつり》 	更衣《ころもがえ》 浴衣《ゆかた》 噴水《ふんすい》 蚊帳《かや》 団扇《うちわ》 風鈴《ふうりん》 麦藁帽子《むぎわらぼうし》 田植《たうえ》 プール 海水浴 帰省 汗《あせ》 端午《たんご》 祭	新米 案山子《かかし》 稲刈《いねかり》 夜なべ 月見 紅葉狩《もみじがり》 七夕《たなばた》 盆《ぼん》 	餅《もち》 セーター 焚火《たきび》 ストーブ 炬燵《こたつ》 雪見 風邪《かぜ》 咳《せき》 七五三 クリスマス

問題 次の①～④のグループには、それぞれ季節のちがう季語が一つずつまじっています。どれでしょう。

①

春
蝶《ちょう》
桜
白鳥《はくちょう》
菜の花

②
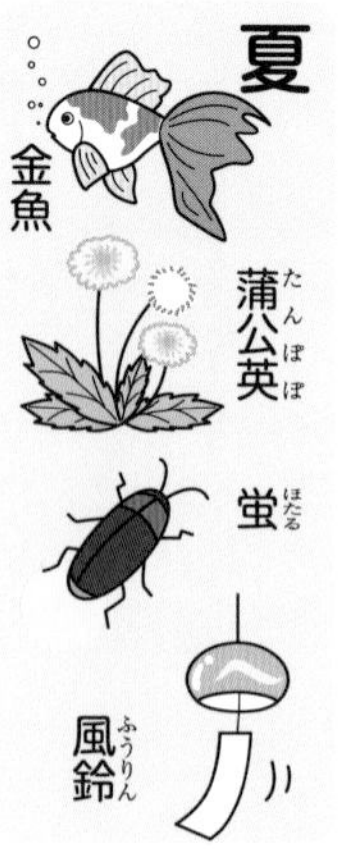
夏
金魚
蒲公英《たんぽぽ》
蛍《ほたる》
風鈴《ふうりん》

③

秋
団扇《うちわ》
芒《すすき》
秋刀魚《さんま》
蜻蛉《とんぼ》

④

冬
セーター
大根
向日葵《ひまわり》
枯葉《かれは》

〈答え〉①白鳥（季節は冬） ②蒲公英《たんぽぽ》（季節は春） ③団扇《うちわ》（季節は夏） ④向日葵《ひまわり》（季節は夏）

6 古文・漢文

古文のポイント

- 歴史的仮名遣《かなづか》い
- 主語・助詞の省略
- 係《かか》り結《むす》び

いっぽう漢文とは？

中国の昔の文体で書かれた文章。
返り点の読み方をマスターしよう。

歴史的仮名遣《かなづか》いを読んでみたい！

よく聞く「いろはにほへと…」って何のこと?
それはいろは歌。「色は匂《にお》えど…」って読むのよ。
古文は歴史的仮名遣いで書かれているので、現代とは読み方がちがうけれど……。
この表のとおりに読めばいいから意外と簡単よ。
なるほどなあ。
よし、この文を読んでみよう。「ニオンバシデオウコトニ……」
にほんばしであうことにしよう。
それは現代仮名遣いの文なのよ……。

35 古文の言葉を知ろう

歴史的仮名遣《かなづか》い・古語の意味

古文で見る「かは」って何？ 今の仮名遣いに直すと「かわ」（川）。「かは」は、遠い昔の発音に対応した昔の表記。歴史的仮名遣いよ。

要点はここ

1 古文の歴史的仮名遣《かなづか》いはどう読むの？

次の表にしたがって、現代仮名遣いに直しましょう。

歴史的仮名遣い	現代仮名遣い	例
語頭以外の　は・ひ・ふ・へ・ほ	わ・い・う・え・お	かひ→かい　いへ→いえ
ぢ・づ	じ・ず	いづこ→いずこ
ゐ・ゑ・を	い・え・お	ゐる→いる
アウ（アフ）の音	オウの音	あうむ→おうむ
イウ（イフ）の音	ユウの音	きうり→きゅうり
エウ（エフ）の音	ヨウの音	てうし→ちょうし
くわ・ぐわ	か・が	くわこ→かこ（過去）

2 注意すべき古語は？

❶ 現代では使われない言葉

例 いと（意 とても・たいそう）　やうやう（意 だんだん）

❷ 現代語と意味のちがう言葉

例 あやし（意 不思議だ）

うつくし（意 かわいらしい）

「お役立ちミニブック」16ページへ

例題と考え方

例題 次の古語を、現代仮名遣《かなづか》いに直しましょう。

① あはれ　② あふぎ（扇）

(1) 現代仮名遣いに直すところがないかを調べます。

① あはれ　② あふぎ

①は、語頭以外の「は・ひ・ふ・へ・ほ」だね。

(2) 直し方のきまりにしたがって、仮名遣いを直します。

① あはれ　「は」を「わ」に直す！　→　あわれ

② あふぎ　「あふ」を「おう」に直す！　→　おうぎ

ahu あふ → au あう → ô おう

ここもたいせつ

「かう（かふ）」、「さう（さふ）」なども、同じ「アウ」の音なので、「こう」「そう」と直します。

例題の答え　① あわれ　② おうぎ

練習問題

➡答えは別冊15ページ

1 次の古語を、現代仮名遣《かなづか》いに直しましょう。

① かほ （　　　）

② ふぢ （　　　）

③ こゑ （　　　）

④ はづかし （　　　）

語頭の「は・ひ・ふ・へ・ほ」は直さないので、要注意。例えば、「ほたる」は「ほたる」のままだよ。

2 次の古文と現代語訳を読んで、問題に答えましょう。

今は昔、竹取《たけとり》の翁《おきな》といふものありけり。野山にまじりて竹を取りつつ、①よろづのことに使ひけり。名をば、さぬきのみやつことなむ②いひける。

その竹の中に、もと光る竹なむ一筋ありける。Aあやしがりて、寄りて見るに、筒《つつ》の中光りたり。それを見れば、三寸ばかりなる人、いとBうつくしうて③ゐたり。

〈「竹取物語《たけとりものがたり》」による〉

［現代語訳］

今ではもう昔のことだが、竹取の翁という者がいた。野や山に分け入って竹を取っては、いろいろなことに使っていた。名前を、さぬきのみやつこといった。

（ある日のこと、）その竹林の中に、根元の光る竹が一本あった。［　　］、近寄って見ると、筒の中が光っている。それを見ると、三寸《約9センチメートル》ほどの人が、とても［　　］座《すわ》っている。

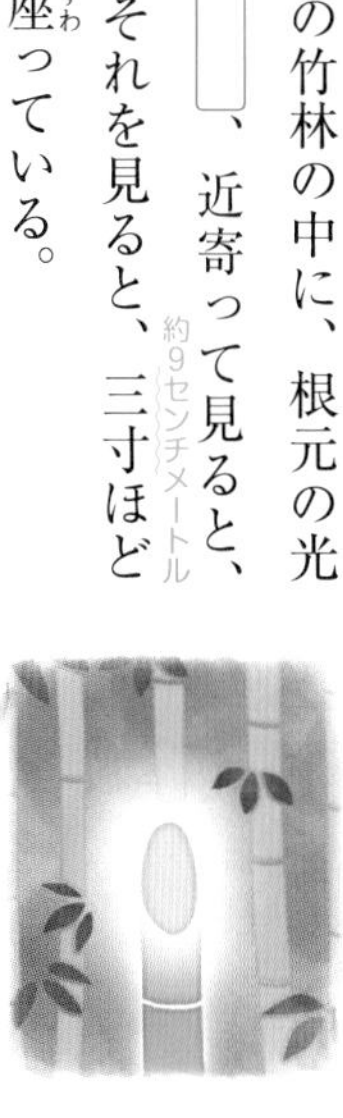

1 ――線①〜③を現代仮名遣いに直しましょう。

① （　　　）　② （　　　）　③ （　　　）

2 Aあやしがりて　Bうつくしうて　の意味を、次から一つずつ選びましょう。

A
- ア かわいそうに思って
- イ つまらないと思って
- ウ 不思議に思って

（　　　）

B
- ア きれいな様子で
- イ かわいらしい様子で
- ウ 上品な様子で

（　　　）

A「あやしがり」は「あやしがる」、B「うつくしう」は「うつくし」という語。どちらも現代語とは意味がちがうよ。

36 古文の表現を知ろう

省略・古文の助詞・助動詞

要点はここ

1 古文には、どんな特徴《とくちょう》があるの？

❶ 主語の省略

古文では、主語や「が」「を」などの助詞がよく省略されます。

例 蛍《ほたる》の多く飛びちがひたる。また、（蛍が）ただ一つ二つなど、ほのかにうち光りて行くもをかし。〈『枕草子《まくらのそうし》』による〉

❷ 助詞の省略

例 ある人、弓（を）射ることを習ふに〈『徒然草《つれづれぐさ》』による〉

2 古文独特の助詞・助動詞は？

❶ 主語を表す助詞「の」

例 霜《しも》のいと白きも　〈『枕草子』による〉

→霜がとても白いのも

❷ 助動詞「けり」「たり」

けり	「〜た。」（過去）	例 ありけり→あった
たり	「〜た。」（完了《かんりょう》） 「〜ている。」（存続）	例 光りたり→光っている

決着がつくことを、「けりが付く」というよね。この「けり」は、過去を表す古文の助動詞からきているんだよ。

例題と考え方

例題 次の文に、省略されている助詞を補いましょう。

筒《つつ》の中光りたり。〈『竹取物語《たけとりものがたり》』による〉

(1) 助詞が省略されている場所を探します。

筒の中 ◯ 光りたり。

――線の部分は助詞を補わなくても意味がわかる。

ここに助詞が省略されている…？

(2) 「が」「を」などの助詞を入れてみて、意味が通るものを選びます。

筒の中を光りたり。→✕筒の中を光っている。

筒の中が光りたり。→◯筒の中が光っている。

主語を表す「が」や、動作の対象を表す「を」が省略されることが多いよ！

例題の答え 筒の中が光りたり。

練習問題

↓答えは別冊15ページ

1 次の文章を読んで、問題に答えましょう。

ある犬、肉《しし》をくはへて川を渡《わた》る。真ん中ほどにて①その影《かげ》水に映りて大きに見えければ、「我《わ》がくはふるところの肉より大きなる。」と②心得て、これを捨ててかれを取らんとす。かるがゆゑに、二つながらこれを失ふ。

（ある犬が　肉をくわえて川を渡る　真ん中あたりで　大きく見えたので　私がくわえている肉よりも大きい　と考えて　この肉を捨てて　そちらを取ろうとする　このようにしたがために　二つとも肉を失う）

〈「伊曽保物語《いそほものがたり》」による〉

(1) ①その影水に映りて とありますが、次の□に補うことのできる助詞を、平仮名《ひらがな》一字で答えましょう。

その影□水に映りて

(2) ②心得て の主語は何（だれ）ですか。文章中から三字でぬき出しましょう。

[　　　]

前に一度出た主語は、省略されることが多いよ。

2 次の文章を読んで、問題に答えましょう。

うつくしきもの。瓜《うり》にかきたるちごの（ア）顔。雀《すずめ》の（イ）子の（ウ）、ねず鳴きするにをどり来る。二つ三つばかりなるちごの、いそぎてはひ来る道に、いとちひさき塵《ちり》のAありけるを目ざとに見つけて、いとをかしげなるおよびにとらへて、大人などにB見せたる、いとうつくし。

（かわいらしいもの　瓜にかいた　子供　（人が）　ねずみの鳴きまねをするとおどるようにやってくる　二歳《さい》か三歳くらいの　急いではってくる途中《とちゅう》に　とても小さいごみが　目ざとく見つけて　とてもかわいらしい指につまんで　とてもかわいらしい）

〈「枕草子《まくらのそうし》」による〉

(1) ——線ア〜ウから、主語を表す「の」を一つ選びましょう。　（　　）

(2) Aありけるを　B見せたる　の意味を、次から一つずつ選びましょう。

A
ア　あったのを
イ　あるのを
ウ　ありそうなのを
（　　）

B
ア　見せてもらう（のは）
イ　見せている（のは）
ウ　見せたかった（のは）
（　　）

37 係《かか》り結《むす》びのきまりを学ぼう

係り結び

現代では「!」「?」という符号《ふごう》で感動や疑問を強調するよね。昔の人は、「係り結び」という表現で感動や疑問を強調したのよ。

勉強した日　月　日

要点はここ

★係《かか》り結《むす》びとは?

係り結びとは、文中に、係りの助詞「ぞ・なむ・や・か・こそ」があるとき、文末を決まった活用形で結ぶというきまりです。

例 もと光る竹一筋ありけり。

← 係りの助詞「なむ」を入れると

もと光る竹**なむ**一筋あり**ける**。

連体形!

係り結びは、強調や疑問・反語を表します。

〈「竹取物語《たけとりものがたり》」による〉

係りの助詞	結び	意味	例
ぞ・なむ	連体形	強調	扇《あふぎ》は空へぞ上がりける。（意 扇は空へと上がった。）
や・か	連体形	疑問 反語	あはれとや思ひけむ。（意 哀《あわ》れだと思ったのだろうか。）
こそ	※已然形《いぜん》	強調	名こそ惜《を》しけれ。（意 評判が惜しいことだ。）

※已然形は、古文独特の活用形。古文では仮定形がない。

例題と考え方

例題 次の□に当てはまる係《かか》りの助詞を書きましょう。

少し春あるここち□すれ。

〈「枕草子《まくらのそうし》」による〉

(1) 文末（結びの部分）の活用形を確認《かくにん》します。

▼少し春あるここち□すれ。

已然《いぜん》形!

「〜すれ」「〜けれ」「〜たれ」などの「れ」で終わる形は、已然形だよ!

(2) 文末の活用形から、どんな係りの助詞が入るか、考えます。

・文末が 連体形 → ぞ・なむ／や・か

・文末が 已然形 → こそ

例文は、「少し春めいた気がするなあ」という意味だよ。

例題の答え こそ

練習問題

＊ 次の文章を読んで、問題に答えましょう。

➡答えは別冊15ページ

仁和寺《にんなじ》にある法師、年寄るまで石清水《いはしみづ》を拝まざりければ、
仁和寺にいた僧《そう》が　年を取るまで石清水八幡宮《いわしみずはちまんぐう》を拝んだことがなかったので

心《こころ》うく覚えて、ある時思ひ立ちて、ただ一人、徒歩《かち》より詣《まう》でけ
残念に思って　ある時思い立って　ただ一人で、徒歩で参拝した

り。＊極楽寺《ごくらくじ》・高良《かうら》などを拝みて、かばかりと心得て帰りにけり。
極楽寺・高良神社などを参拝して　これだけだと思いこんで帰ってしまった

さて、かたへの人にあひて、「年ごろ思ひつること、果た
そして　仲間の人に会って　長年思っていたことを果たしました

しはべりぬ。聞きしにも過ぎて、尊く［A］おはしけれ。そも、
聞いていた以上に　尊くていらっしゃいました　それに

参りたる人ごとに山へ登りしは、何事かありけん、ゆかしか
しても　参拝する人がみな山へ登ったのは　知りたかっ

りしかど、神へ参るこそ本意《ほい》［B］と思ひて、山までは見
たけれど　神へお参りするのが本来の目的だと思って　山の上までは見

ず。」とぞ言ひ［C］。
ませんでした　と言った

少しのことにも、先達《せんだち》はあらまほしきことなり。
ちょっとしたことにも　案内者はあってほしいものである

〈「徒然草《つれづれぐさ》」による〉

（注）＊極楽寺・高良…石清水八幡宮のふもとにある寺社。石清水は山上にある。

1 ［A］に当てはまる係《かか》りの助詞を、次から一つ選びましょう。（　　）

ア ぞ　イ か　ウ こそ

文末の「けれ」は過去を表す助動詞の「けり」。活用形は、「れ」で終わるから已然形《いぜん》になっているね。

2 何事かありけん　について、次の問いに答えましょう。

(1) 係りの助詞をぬき出しましょう。（　　）

(2) (1)で答えた係りの助詞の表す意味を、次から一つ選びましょう。（　　）

ア 強調
イ 疑問・反語
ウ 断定

「疑問」は「〜か。」の意味。「反語」は「〜だろうか。（いや、〜ではない。）」という意味だよ。

3 ［B］には助動詞の「なり」が、［C］には助動詞の「けり」が入ります。当てはまる形を次から一つずつ選びましょう。

B（　　）
ア なり（終止形）
イ なる（連体形）
ウ なれ（已然形）

C（　　）
ア けり（終止形）
イ ける（連体形）
ウ けれ（已然形）

38 和歌の表現をとらえよう

和歌の特徴《とくちょう》

和歌の基本的な形式は、33回で勉強した「短歌」と同じだよ。昔は長歌など別の形式もあって、まとめて和歌とよんでいたんだ。

勉強した日　月　日

要点はここ

1 和歌はどんな形式なの？

和歌は、五・七・五・七・七の五句三十一音が定型です。

初句《しょく》	第二句	第三句	第四句	結句《けっく》
五音	七音	五音	七音	七音
上《かみ》の句			下《しも》の句	

例 見わたせば　花も紅葉《もみぢ》も　なかりけり／浦《うら》の苫屋《とまや》の　秋の夕暮れ　藤原定家《ふぢはらのさだいへ》

意味や調子の切れ目↓ 句切れ

2 和歌の表現技法には、どんなものがあるの？

枕詞《まくらことば》	特定の語の前に置き、調子を整える言葉。多くは五音。 例 ひさかたの↓光・天　白たへの↓衣《ころも》（□が特定の語）
掛詞《かけことば》	一つの言葉に複数の同音の語の意味を重ねること。 例 まつ↓待つ・松 あき↓飽き・秋
序詞《じょことば》	ある語を導くために、前に置く言葉。 例 多摩川《たまがは》にさらす手作り　さらさらに なにそこの児《こ》のここだかなしき　東歌《あづまうた》 「さらさらに」を導き出している。 多摩川にさらさらとさらす手織りの布のように、さらにさらになぜこの娘《むすめ》がこんなにもいとしいのか。

浮《う》き
憂《う》き
浮世《うきよ》
テスト
どよ〜ん

例題と考え方

例題 次の和歌は、何句切れですか。

熟田津《にきたつ》に船《ふな》乗りせむと月待てば潮《しほ》もかなひぬ今は漕《こ》ぎ出《い》でな　額田王《ぬかたのおほきみ》

(1) 五・七・五・七・七の五句に分けてみます。

熟田津に（初句）　船乗りせむと（第二句）　月待てば（第三句）
潮もかなひぬ（第四句）　今は漕ぎ出でな（結句（字余り））

(2) 意味のうえで、何句目で切れているかを考えます。

熟田津に　船乗りせむと　月待てば
熟田津で　船出をしようと　月の出を待っていると
潮もかなひぬ　／　今は漕ぎ出でな
潮も具合がよくなった。　今こそ漕ぎ出そう。

ここで切れる！
初句で切れたら「初句切れ」、二句目で切れたら「二句切れ」！

例題の答え　四句切れ

練習問題

1 次の和歌を読んで、問題に答えましょう。

➡答えは別冊15ページ

A　ひさかたの光のどけき春の日にしづ心《ごころ》なく花の散るらむ　紀《き》 友則《のとものり》

光がのどかな春の日なのに、なぜ落ち着いた心もなく花は散るのだろうか。

B　山里は冬ぞさびしさまさりける人目も草もかれぬと思へば　源 宗于《みなもとのむねゆき》

山里は冬こそさびしさがつのるものだ。人の訪《おとず》れもなくなり草もかれてしまったと思うと。

❶ Aの和歌から、枕詞《まくらことば》をぬき出しましょう。

（　　　　）

枕詞は、ほとんどが五音の言葉だよ。

❷ Bの和歌の「かれぬ」には、「人目が離《か》れる（人の訪れが遠ざかる）」「草が枯《か》れる」という二つの意味があります。このような技法を何といいますか。漢字で書きましょう。

（　　　　）

2 次の和歌を読んで、問題に答えましょう。

A　東《ひがし》の野に炎《かぎろひ》の立つ見えてかへり見すれば月傾《かたぶ》きぬ　柿本 人麻呂《かきのもとのひとまろ》

東の野にあけぼのの光が差すのが見えて、ふり返って見ると、月が西にかたむいている。

B　思ひつつ寝《ぬ》ればや人の見えつらむ夢と知りせば覚めざらましを　小野 小町《をののこまち》

思い続けながら寝《ね》たので、その人が夢に現れたのだろうか。夢と知っていたら、夢から覚めないでいたろうに。

C　さびしさはその色としもなかりけり真木《まき》立つ山の秋の夕暮れ　寂蓮法師《じゃくれんほふし》

さびしさを感じるのは、その色が特にそうだということではないのだ。杉《すぎ》やひのきなどの緑の木々が生《お》いしげっている山の秋の夕暮れよ。

❶ Cの和歌は、何句切れですか。漢数字で答えましょう。

（　　　　）句切れ

❷ 次の鑑賞《かんしょう》文に合う和歌を、A〜Cから一つずつ選びましょう。

① 景色全体から感じられるわびしさを詠《よ》んでいる。
② 早朝の雄大《ゆうだい》な情景をおごそかに詠んでいる。
③ 恋《こい》する人に会いたいという女心を詠んでいる。

①（　　　　）
②（　　　　）
③（　　　　）

39 漢文のきまりを学ぼう

漢文の特徴《とくちょう》

「読書」という熟語に返り点を付けてみよう。「読レ書。」と「レ点《れ》」を付けると、「書を読む。」と読めるよ。

要点はここ

1 漢文とは？

漢文とは、中国の昔の文体で書かれた文章です。

❶ 白文《はくぶん》（原文）　例 思故郷
（漢字のみ。）

❷ 訓読文《くんどくぶん》　例 思フ二故郷ヲ一。（送り仮名／返り点）
（訓点（返り点、送り仮名《がな》、句読点）を付けたもの。）

❸ 書《か》き下《くだ》し文《ぶん》　例 故郷を思ふ。
（漢字仮名交じり文に書き直したもの。）

2 返り点はどう読むの？

レ点《れ》	下の一字を先に読み、レの付いた字に返って読む。 例 帰ルレ国ニ。（2 1） →国に帰る。
一《いち》・二《に》点	「二」の付いた字まで先に読み、「一」の付いた字に返る。 例 思フ二故郷ヲ一。（3 1 2） →故郷を思ふ。

例題と考え方

例題 次の漢文の漢字を読む順番を、数字で答えましょう。

① 守ルレ株ヲ。

② 執《と》ル二牛《ぎう》耳《じ》ヲ一。

例 不《ず》レ知ラ。（知らず。）

答え 2 1

● 返り点の読み方を確認《かくにん》します。

① 守ルレ株ヲ。
下の一字を先に読み、「レ」の付いた字に返る。
□ 1
株を守る。

② 執ル二牛耳ヲ一。
「二」の付いた字まで先に読み、「一」の付いた字に返る。
□ 1 2
牛耳を執る。

返り点が付いていない漢字は、そのまま上から順に読むよ。

例題の答え
① 2 1
② 3 1 2

練習問題

1 次の漢文の漢字は、どのような順番で読みますか。例にならって、数字で答えましょう。

➡答えは別冊16ページ

例 登ルレ山ニ。（山に登る。）→ 2 1

① 有リレ徳。　□ □

② 如《ごと》シ二朝《てう》露《ろ》ノ一。　□ □ □

2 次の漢文を、例にならって、書き下し文に直しましょう。

例 登ルレ山ニ。→ 山に登る。

① 徳ハ不《ず》レ孤《こ》ナラ。

（　　　　）

② 人生有リ二生死一。

（　　　　）

送り仮名《がな》や、助詞・助動詞は、平仮名《ひらがな》に直すよ。

3 次の文章を読んで、問題に答えましょう。

楚《そ》人《ひと》に盾《たて》と矛《ほこ》とを鬻《ひさ》ぐ者あり。之《これ》を誉《ほ》めて曰《い》はく、「吾《わ》が盾の堅《かた》きこと、よく陥《とほ》すものなきなり。」と。また、①誉メテ二其ノ矛ヲ一曰ハク、「吾が矛の利なること、物において陥さざるなきなり。」と。ある人曰はく、「子《し》の矛を以《も》つて、子の盾を陥さば何如《いかん》。」と。其の人②応《こた》ふること能《あた》はざるなり。

〈「韓非子《かんぴし》」による〉

【現代語訳】
楚の国の人に盾と矛を売る人がいた。（その人が）盾をほめて「私の盾のかたいことといったら、突《つ》き通せるものはない。」と言った。また、矛をほめて「私の矛のするどいことといったら、突き通せないものはない。」と言った。（すると）ある人が、「あなたの矛で、あなたの盾を突き通したらどうなるのか。」ときいた。その人は答えることができなかった。

(1) ①誉メテ二其ノ矛ヲ一曰ハクを、書き下し文に直しましょう。

（　　　　）

(2) ②応ふること能はざるなり。の訓読文を、次から一つ選びましょう。

ア 弗《ざ》ルレ能ハレ応フルコトレ也《なり》。

イ 弗《ざ》ルレ能ハレ応フルコト也《なり》。

ウ 弗《ざ》ル二能ハ応フルコト一也《なり》。

（　　　　）

40 漢詩の種類と表現を学ぼう

漢詩の特徴《とくちょう》

「起承転結」という言葉を聞いたことがあるかな？ 話の構成や順序という意味だけど、実は漢詩と深い関わりのある言葉なんだよ。

要点はここ

1 漢詩の種類には、どんなものがあるの？

漢詩は、句数(行数)と一句の文字数で四つに分けられます。

絶句《ぜっく》＝四句(四行)でできた詩。
- ❶ 五言絶句《ごごんぜっく》…一句が五字。四句。
- ❷ 七言絶句《しちごんぜっく》…一句が七字。四句。

←四句(行)→　↑一句が五字↓

静夜思《せいやし》　李白《りはく》

牀《しやう》前《ぜん》看《み》ル二月光一ヲ
疑フラクハ是《こ》レ地上ノ霜《しも》カト
挙ゲテレ頭《かうべ》ヲ望ミ二山月一ヲ
低《た》レテレ頭ヲ思フ二故郷一ヲ

寝床《ねどこ》の前に月光を見る　(起句)歌い起こす
地上の霜ではないかと疑う　(承句)前を承《う》ける
頭を上げて山月をながめ　(転句)場面が転換《てんかん》する
頭をたれて故郷を思う　(結句)まとめて結ぶ

絶句は、「起承転結」の構成でできているよ。

律詩《りっし》＝八句(八行)でできた詩。
- ❸ 五言律詩《ごごんりっし》…一句が五字。八句。
- ❹ 七言律詩《しちごんりっし》…一句が七字。八句。

2 漢詩の表現技法には、どんなものがあるの？

- ❶ 押韻《おういん》…句末の音のひびきをそろえること。例 霜《ソウ》―郷《キョウ》
- ❷ 対句《ついく》…組み立て・意味が対《つい》になる二つの句を並べること。

例題と考え方

例題 上の漢詩「静夜思《せいやし》」について、答えましょう。

(1) 漢詩の形式を漢字四字で答えましょう。
(2) 「対句《ついく》」になっているのは、第何句と第何句ですか。

(1) 「静夜思」の句数(行数)と一句の文字数を確認《かくにん》します。
▼句数(行数)＝四句 → 絶句
▼一句の文字数＝五字 → 五言

(2) 組み立てが似ている二つの句を探します。

挙ゲテレ頭《かうべ》ヲ望ミ二山月一ヲ　頭を上げて　山月をながめる
↕
低《た》レテレ頭ヲ思フ二故郷一ヲ　頭をたれて　故郷を思う
意味が対《つい》になっている

返り点も同じだね。

例題の答え
(1) 五言絶句
(2) 第三句と第四句

勉強した日　月　日

練習問題

＊次の漢詩を読んで、問題に答えましょう。

➡答えは別冊16ページ

絶句《ぜっく》　杜甫《とほ》

第一句　江《かう》ハ碧《みどり》ニシテ鳥ハ逾《いよい》ヨ白ク

第二句　山ハ青クシテ花ハ欲《ほつ》スレ然《も》エント

第三句　今春看《みすみ》ス又《また》過グ

第四句　何《いづ》レノ日カ是《こ》レ帰年ナラン

江は碧にして鳥は逾よ白く
山は青くして花は然えんと欲す
今春看す又過ぐ
何れの日か是れ帰年ならん

［現代語訳］
川は深みどりに澄《す》み、水鳥はいっそう白く映《は》える
山は青々として、花は燃えるように赤い
今年の春もあっという間にまた過ぎていく
いつ故郷へ帰る年が来るのだろうか

1 この漢詩の形式を、次から一つ選びましょう。
ア　五言絶句　**イ**　七言絶句
ウ　五言律詩　**エ**　七言律詩
（　　　）

2 対句《ついく》になっているのは、第何句と第何句ですか。漢数字で答えましょう。
第（　　）句と第（　　）句

一字目どうし、二字目どうしを比べてみて、意味や組み立てが似ていれば対句だよ。

3 押韻《おういん》になっているのは、第何句と第何句ですか。漢数字で答えましょう。
第（　　）句と第（　　）句

句（行）の終わりの漢字を音読みにしてみよう。音のひびきが似ていたら、それが押韻だよ。

4 「起承転結」の「転」に当たり、場面が一転している句は、第何句ですか。漢数字で答えましょう。
第（　　）句

まとめのテスト

1 次の文章を読んで、問題に答えましょう。

有《ある》人、銭《ぜに》を①うづむ時、「②かまへて人の目には蛇《じゃ》に見えて、
（うめてかくす）（心して）

身がみる時斗《ばかり》、銭になれよ」といふを、③内の者聞居《ききゐ》て、そと
（私が見る時だけ）（家の　聞いていて　そっと）

銭をほりて取りかへ、蛇《へび》をいれておきたり。件《くだん》の亭主《ていしゅ》、後《のち》に
（例の）

ほりてみれば蛇あり。「やれ、おれぢや。見わすれたか」と、

幾度《いくたび》も④なのりつる□聞事《ききごと》なれ。
（何度も名のっているのは聞いていてゆかいなことだ）

〈「醒睡笑《せいすいしょう》」による〉

---

1 ①うづむ　②かまへて　を現代仮名遣《かなづか》いに直し、すべて平仮名で書きなさい。　10点×2（20点）

①（　　　　）　②（　　　　）

2 ③内の者聞居て　とありますが、次の□に補うことのできる助詞を、後から一つ選び、記号で答えなさい。（10点）

内の者□聞居て

ア を　**イ** に　**ウ** が　**エ** へ

（　　　　）

3 ④なのりつる　の主語を、文章中から二字でぬき出しなさい。（15点）

（　　　　）

4 なのりつる□聞事なれ　は、係《かか》り結《むす》びになっています。□に当てはまる係りの助詞を書きなさい。（15点）

（　　　　）

2 次の文章は、孟子《もうし》という人物が、恵王《けいおう》に向かって、たとえ話をしている場面です。これを読んで、問題に答えましょう。

「塡然《てんぜん》として之《これ》に鼓《こ》し、兵刃《へいじん》既《すで》に接す。①棄《す》テレ甲《かふ》ヲ曳《ひ》キテレ兵ヲ走る。或《ある》いは百歩にして後止《のちとど》まり、或いは五十歩にして後止まる。五十歩を以《も》つて百歩を笑はば、則《すなは》ち何如《いかん》。」と。

曰《い》はく、

「不可なり。②直《た》だ百歩ならざるのみ。是《これ》も亦《ま》た走るなり。」と。

〈「孟子《もうし》」による〉

【現代語訳】

「ドンドンと太鼓《たいこ》が鳴り、武器の刃《やいば》を交えて戦ったとします。よろいを捨て、武器を引きずり、逃《に》げる者がおりました。ある者は百歩逃げたあと止まり、ある者は五十歩逃げたあと止まりました。五十歩逃げた者が百歩逃げた者を（おくびょうだと）笑ったなら、どうでしょう。」と。

（恵王が）言うには、

「よくない。ただ百歩でなかっただけで、その者もまた逃げたのだ。」と。

1 ①棄テレ甲ヲ曳キテレ兵ヲを、書き下し文に直しなさい。（15点）

（　　　　　）

2 ②直だ百歩ならざるのみ。の訓読文を次から一つ選び、記号で答えなさい。（10点）

ア 直ダ不ザルレ百歩ナラレ耳《のみ》。

イ 直ダ不ザル一百歩ナラ二耳《のみ》。

ウ 直ダ不ザル二百歩ナラ一耳《のみ》。

（　　　　　）

3 この話からできた故事成語「五十歩百歩」の意味を、次から一つ選び、記号で答えなさい。（15点）

ア 孤立《こりつ》すること。 **イ** たいしたちがいはないこと。

ウ 進歩がないこと。 **エ** 決死の覚悟《かくご》でのぞむこと。

（　　　　　）

プラスワン 故事成語について知ろう！

故事成語とは、中国に伝わる古い出来事や話（故事）から生まれた言葉。中学校の漢文では、故事成語のもとになった故事が多く出てきます。「矛盾《むじゅん》」「蛇足《だそく》」などの故事成語を学ぶとき、意味といっしょに、もとになった話もおさえておくと、漢文を読むときにも役立ちます。

特集 かんたんチェック 古文クイズ

1 私は何？〈歴史的仮名遣《かなづか》い〉

歴史的仮名遣いで名前が書いてあります。現代仮名遣いで読んでみましょう。

①

かへる

②
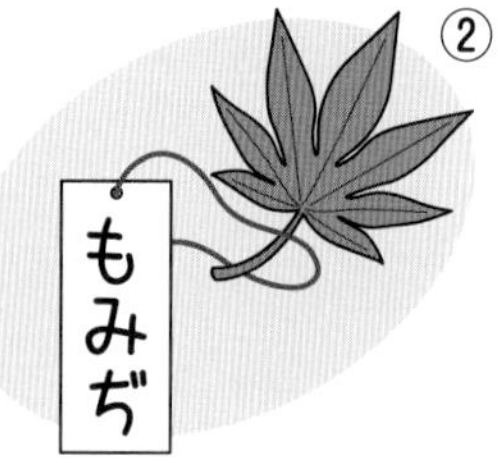
もみぢ

③

をとこ

④
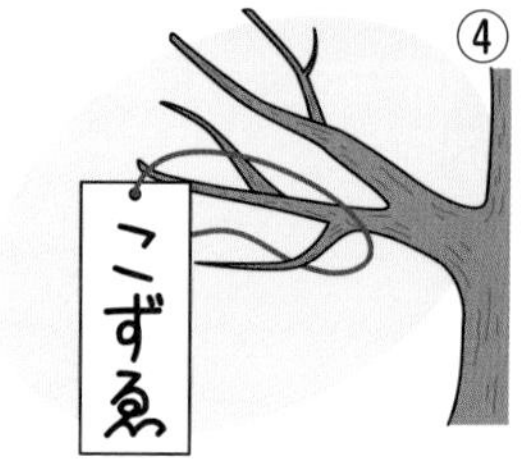
こずゑ

⑤
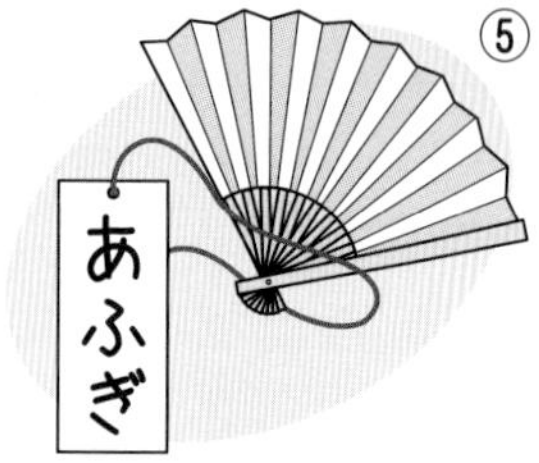
あふぎ

⑥
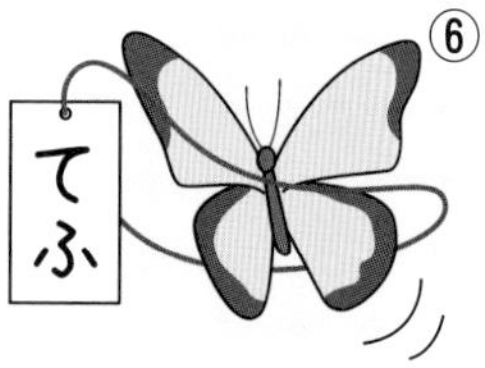
てふ

2 どんな気持ち？〈古語の意味〉

イラストの人物は、どんな気持ちなのでしょう。下から選びましょう。

ありがたし！

かなし…

①男の子の気持ち
ア うれしい。
イ めずらしい。

②女の子の気持ち
ア 悲しいなあ。
イ かわいいな。

3 何と言ったかな？〈係り結び〉

次の□に入る言葉は、ア「犬にやあらむ。」、イ「犬にこそあらめ。」のどちらでしょうか。

今の物影《ものかげ》は何だ？
サッ
わかったぞ!!

4 どの枕詞《まくらことば》？〈和歌の表現技法〉

上の枕詞と結び付く言葉を下から選び、線でつなぎましょう。

① 白たへの ・　　・ 母
② たらちねの ・　　・ 神
③ ちはやぶる ・　　・ 衣《ころも》

〈答え〉 1 ①かえる ②もみじ ③おとこ ④こずえ ⑤おうぎ（「あふ」→「おう」） ⑥ちょう
2 ①イ（「有《あ》り難《がた》し」と書き、「有ることが難しい」→「めったにない」→「めずらしい」という意味になる。） ②イ
3 イ（アは、係《かか》りの助詞が「や」だから、疑問の「犬であろうか」という意味。イは、係りの助詞が「こそ」だから、強調の「（きっと）犬であろう」という意味。）
4 ①衣 ②母 ③神

この「解答と解説」は取り外して使えます。➡

改訂版

わからないをわかるにかえる 中学国語 1~3年

解答と解説

文理

1 漢字の基本を学ぼう

7ページ

解答

❶ ①ウ ②イ ③エ ④ア

❷ ①走 ②口

❸ ①カ ②ア ③エ ④イ

❹ ①キ ②エ ③ウ ④カ ⑤ア ⑥ク ⑦イ ⑧オ

❺ ①四 ②二 ③二 ④三

❻ ウ

アドバイス

❶ ③「食」が意味、「反」が音を表す「形声《けいせい》」です。

❷ 部首名は、①そうにょう、②くにがまえ、です。

❸ 部首名は、①やまいだれ、②ごんべん、③こころ、④おおがい。

❹ ②ころもへんには、着物や布の意味があります。③左側にある「阝」は「こざとへん」(例陸)です。⑥「忄」は、心に関係があります。

❺ ②「成」の筆順は「丿𠂆万成成成」、③「必」の筆順は「丶ソ义必必」です。

❻ **ア**六画、**イ**七画、**ウ**五画で書きます。

2 同じ読み方の漢字を使い分けよう

9ページ

解答

❶ ①着く ②裁っ ③納める

❷ ①敗 ②速 ③傷

❸ ①見当 ②意向 ③核心 ④対象

❹ ①余地 ②機会 ③意外

アドバイス

❶ ②「裁断」、③「納入」のような熟語を思いうかべましょう。

❷ ①「負ける」、②「スピードがある」、③「くさる」という意味です。

❸ ①見込《みこ》み、②考え・判断、③物事の中心、④相手・目的という意味です。

❹ ①「予知」、②「機械」、③「以外」という同音異義語と誤らないように。

3 よく出る漢字の読み書き

11ページ

解答

❶ ①はあく ②ひろう ③すいこう ④なっとく ⑤にゅうわ ⑥もよお ⑦あざ ⑧ゆる ⑨おだ ⑩なが

❷ ①往復 ②約束 ③容易 ④典型 ⑤危険 ⑥拾 ⑦試 ⑧預 ⑨支 ⑩営

アドバイス

❶ ②「ひろお」は誤りです。③「遂《すい》行《こう》」は「やりとげる」という意味。「ついこう」という読みまちがいが多いので注意。⑤「柔和《にゅうわ》」は「優《やさ》しくて穏《おだ》やかなこと」を意味します。「じゅうわ」と読まないように。⑥「催《もよお》す」は「開催《かいさい》する」という意味。

❷ ③同音異義語の「用意」と区別しましょう。⑤「検」と書き誤らないように。⑥字形の似た「捨」と誤らないように。⑩「営」の部首は「⺍」ではなく「⺍」の形です。

4 二字熟語の構成を知ろう

13ページ

解答

❶ ①エ ②ウ ③オ ④カ ⑤ア ⑥イ ⑦ア ⑧エ ⑨カ ⑩ウ ⑪オ ⑫イ

アドバイス

❶ ⑤「歓」「喜」は、どちらも「よろこぶ」という意味です。⑧「仮に定める」のように、上が下を修飾《しゅうしょく》する関係です。⑨「未」は打ち消しの漢字。

2 ①イ ②ウ
③ウ ④ア
⑤イ ⑥ア

3 ①不 ②非 ③未

アドバイス

2 構成は、①反対の意味、②上が下を修飾、③主語・述語、④上が打ち消し、⑤下が上の目的や対象、⑥似た意味。

3 上の字が下の字を打ち消す熟語。

5 三字熟語・四字熟語を知ろう

15ページ

解答

1 ①イ ②ア ③ウ
④イ ⑤ア ⑥ウ

2 ①イ ②ウ

3 ①イ ②エ
③ア ④ウ

4 ①イ ②ア
③ウ ④エ

5 ロ

アドバイス

1 ⑤「再生産」は「再び生産する」こと。上が下の熟語を修飾《しゅうしょく》しています。

2 ①二字＋一字、②一字＋二字です。

3 ①上の二字と下の二字が反対の意味。
②上の二字が主語、下の二字が述語。
③上の二字と下の二字が似た意味。

4 ②「髪《かみ》の毛一本ほどの差で危機になりそうな状況《じょうきょう》」ということ。

5 「いくどうおん」と読みます。

まとめのテスト1 漢字・語句

16ページ

解答

1 ①ウ
②イ

2 ①イ ②ウ
③ア ④エ

3 ①四 ②三

アドバイス

1 イ「指事《しじ》」は、形に表せないことがらを記号で示した字。

2 エ「のぎへん」は、穀物に関する字に付く部首です。例種

3 ②は「丶丷忄」の順に書きます。

4 ①誤 ②訪 ③占

5 ①開放 ②保証
③普及 ④大勢

6 ①ぎょうし ②くし
③みやげ ④なぐさ
⑤ただよ ⑥招待
⑦複雑 ⑧専門
⑨浴 ⑩届

7 ①イ ②エ
③ア ④ウ

8 (読み)いっちょういっせき (意味)イ

4 ③「締」は「ひもを締《し》める」など。

5 ③「普及《ふきゅう》」は「広まること」、「不《ふ》朽《きゅう》」は「いつまでもほろびないこと」。

6 ③「土産《みやげ》」は「熟字訓」の一つで、特別な読み方をします。⑥「紹」、⑦「複」、⑧「専」「問」、⑨「沿」という書き誤りが多いので気をつけましょう。

7 構成は、①上が下を修飾《しゅうしょく》、②似た意味、③上が主語・下が述語、④下が上の目的や対象。

8 一回の朝か一回の夕方、つまり「わずかな日時＝短い時間」ということ。

6 似た意味の言葉・反対の意味の言葉を知ろう

19ページ

解答

1 ①想像
②空想

2 ①的 ②著 ③本
④途 ⑤価 ⑥短
⑦厚 ⑧由

3 ①イ ②ア
③ウ ④イ

4 ①退 ②間 ③縮
④費 ⑤部 ⑥未

アドバイス

1 実際にありそうもないことを述べている文は②。「空想」が合う。

2 ⑥「弱点」「難点」など、⑧「起因」「動機」なども類義語です。

3 ①ウ「純粋《じゅんすい》」は、「単純」の類義語です。

4 ①「進む↔退く」、②「直↔間」が対立する関係にあります。

7 いろいろな慣用句を知ろう

21ページ

解答

1 ①イ ②エ ③ア ④ウ

2 ①馬 ②猫 ③鶴

3 ①顔 ②鼻 ③足 ④頭

4 ①目 ②手

アドバイス

1 ④「気が置けない」は「遠慮《えんりょ》しなくてよい」という意味です。

2 ③鶴《つる》の鳴き声は高く、辺りにひびくことから生まれた慣用句です。

3 「胸」を使った慣用句には、「胸を打つ」（感動する）、「胸がすく」（心が晴れる）などがあります。

4 ②「こまぬく」＝「腕組《うでぐ》みをする」で、つまり、何もしないということ。

8 いろいろなことわざ・故事成語を知ろう

23ページ

解答

1 ①ア ②ウ ③イ ④エ

2 ①水 ②身 ③友 ④月

3 ウ

4 ①エ ②ア ③イ ④ウ

5 ①イ ②ウ

アドバイス

1 ④ぬれた手でつかむと、穀物の粟《あわ》がたくさんついてくる様子から。

2 ①焼けた石に少々水をかけても効果がうすいことから生まれた言葉です。

3 「情けは相手のためにならない」と誤らないように気をつけましょう。

4 付録では故事成語の由来も紹介《しょうかい》しています。確認《かくにん》しておきましょう。

5 ア「五十歩百歩《ごじっぽひゃっぽ》」は、「たいしたちがいはないこと」という意味。

9 敬語を使いこなそう

25ページ

解答

1 ①イ ②ウ ③イ ④ア ⑤ウ ⑥ア

2 ①ア ②イ

3 ①イ ②イ ③ウ

4 ①Aご乗車になっ B○

②A母 B申し

③A○ B召し上がっ〈お食べになっ〉

アドバイス

1 ⑤「いただく」は、「もらう」の謙《けん》譲《じょう》語で、校長先生に敬意を表します。

2 ①は謙譲語、②は尊敬《そんけい》語を使います。

3 ①尊敬語、②謙譲語、③謙譲語。

4 ①A「ご……する」は謙譲語。尊敬語「ご乗車になる」を使います。

②B身内の動作には謙譲語を使います。

③A「なさる」は「する」の尊敬語。B「いただく」は「食べる」の謙譲語。尊敬語を使います。

まとめのテスト2 漢字・語句

26ページ

解答

1 ①関心 ②準備 ③方法 ④節約 ⑤成功 ⑥不要 ⑦主観 ⑧義務

2 ①耳 ②鼻 ③手 ④首

3 ①ウ ②イ ③エ

4 ①エ ②ア ③ウ ④イ

アドバイス

1 ⑤・⑧は全体で対義語、⑥は上に打ち消しの漢字が付く対義語。⑦は「客」と「主」の一字ずつが対立という構成。

2 ①「寝耳《ねみみ》に水」は、「突然《とつぜん》の出来事におどろく」という意味です。

3 ③「手ごたえがない」という意味。

4 ア「けがの功名《こうみょう》」は「失敗から偶然《ぐうぜん》よい結果が生まれる」という意味。

5 ①イ ②エ ③ア ④ウ

6 ①いただく
②伺っ〈うけたまわっ〉
③ご覧になり〈見られ〉
④おっしゃる〈言われる〉
⑤ご案内し〈ご案内いたし〉

5 ③「他人のよい言動は自分の手本になる」という意味ではありません。

6 ①「もらう」、②「聞く」は自分の動作なので謙譲《けんじょう》語を使います。③「お客様」、④「川口《かわぐち》様」の動作なので、相手を高める尊敬《そんけい》語が正解です。⑤「案内する」のは「私」なので謙譲語を使います。

10 文節や単語に分けよう

31ページ

解答

1 三

2 ①ウ ②イ

3 ①ゆかに／落ちた／消しゴムを／拾う。
②学校の／近くに／大きな／書店が／ある。
③おなかを／すかせた／犬たちが／鳴き始めた。

4 広がる・美しい・じっくり・ながめる

5 ①新しい｜かばん｜と｜くつ｜を｜買う。
②明日｜の｜朝｜まで｜雨｜は｜降り続く。
③クッキー｜を｜焼く｜あまい｜におい｜が｜する。

アドバイス

1 最初の会話文は、一文に数えます。

2 ②「バレエ教室」で一単語です。

3 話し口調で「ね」が入るところを探していきましょう。①「消しゴム」、③「鳴き始め（る）」は複合語なので区切れません。また、③「おなか」「犬たち」は、一単語と考えます。

4 「の」「に」「を」は、別の単語に付いて文節の一部になる単語です。

5 文節に区切った後、単語の種類に注目して、単語に区切っていきましょう。別の単語に付く単語を見分けるには、「かばんと」→「犬と」のようにして、他の語にも同じ形で付くかどうかを確かめます。②「降り続く」は複合語です。

11 主語・述語・修飾《しゅうしょく》語を見分けよう

33ページ

解答

1 ①エ ②ウ ③オ ④イ ⑤ア

2 ①Ⓐ金魚が Ⓑいる
②Ⓐ兄は Ⓑ高校生だ
③Ⓐ気温が Ⓑ高い
④Ⓐバスが Ⓑ上げる

3 ①イ ②ウ ③ウ

4 ウ

アドバイス

1 ②「確かめる」を修飾《しゅうしょく》しています。④主語は「商店街が」です。

2 ①「何が―ある（いる・ない）」、②「何が―何だ」、③「何が―どんなだ」、④「何が―どうする」の文の型に当てはまります。

3 ②「〜て〜」の形になっています。

4 ウ「すっかり旅行の準備を終える」と切りはなせます。

12 品詞を分類しよう

35ページ

解答

1 ①兄が／家の／周りを／ゆっくり／散歩する。
②今週から／暖かい／日が／続くらしい。

2 ①名詞・副詞・連体詞・接続詞・感動詞（順不同）

アドバイス

1 自立語は一文節に一つで、文節の頭にあります。文節の頭から、それだけで意味がわかる部分を探しましょう。①「散歩する」は一語の動詞。

2 自立語は、単独で文節を作ることができます。付属語は、単独で文節

②動詞・形容詞・形容動詞（順不同） ③助詞 ④助動詞
③ イ・エ・オ・ケ（順不同）
④ ①キ ②ケ ③イ ④コ ⑤オ ⑥ア ⑦ウ ⑧エ ⑨ク ⑩カ

を作ることができず、自立語の後に付いて文節の一部になります。
③ 動詞・形容詞・形容動詞を選びます。
④ 活用する自立語は以下の三つで、言い切りの形は、①「おいしい」、⑨「ていねいだ」、⑩「消毒する」です。④「食べたくナイ」と、活用します。

まとめのテスト1 文法

36ページ

解答

1 Ⓐ三 Ⓑ六
2 ①昼から／夕方まで／のんびり／過ごす。
昼｜から｜夕方｜まで｜のんびり｜過ごす。
②旅行の／楽しい／思い出を／記録する。
旅行｜の｜楽しい｜思い出｜を｜記録する。
3 ①ア ②ウ ③エ ④イ
4 ①○ ②△ ③△
5 ①ケ ②カ ③エ ④キ ⑤イ
6 ①イ・カ・ケ（順不同）

アドバイス

1 最初の「　」は、文の一部。
2 単語に分けるときは、文節に区切り、それだけで意味のわかる自立語がどこまでかを確かめます。残ったものが、自立語に付いて文節を作る付属語です。「昼から」→「昨日から」のように、他の語にも同じ形で付くかどうかを確かめましょう。②思い出」「記録する」は複合語で、一単語。
3 ②は、「険しくて細い」と言いかえられるので、並立《へいりつ》の関係です。
4 ①「気温が」に言いかえられます。
5 ①・④は一文節なので「～語」、他は連文節なので「～部」です。
6 ア・エ・クは活用しない自立語、

②オ・コ（順不同）
7 ①エ ②イ ③エ ④ア ⑤エ

ウ・キは活用しない付属語です。
7 ①エは動詞、②イは形容詞、③エは副詞、④アは形容動詞、⑤エは形容詞。

13 名詞の働きを知ろう

39ページ

解答

1 イ・オ・カ・キ（順不同）
2 ①ウ ②ア ③イ
3 ①ア ②ア ③イ ④ウ ⑤ア
4 ①ア ②イ

アドバイス

1 ア・エは主語にできません。
2 ③「学年で……速いのは」が主部。
3 ③「レタス」「サッカー」は、野菜やスポーツの種類を表す普通《ふつう》名詞。
4 ①「難しい物体」ではありません。

14 副詞・連体詞の働きを知ろう

41ページ

解答

1 ①鳴る ②静かだ ③後ろまで
2 ①エ ②ア ③イ ④ウ
3 ①音楽に ②道具は ③日の
4 ①Aウ Bエ ②Aア Bウ ③Aイ Bア

アドバイス

1 副詞は用言だけでなく、③のように、体言をふくむ文節も修飾《しゅうしょく》します。
2 「もし」「なぜ」「たぶん」なども、呼応の副詞です。
3 連体詞は、体言（体言をふくむ文節）だけを修飾します。
4 ①A「箱が大きだ」とはいえないので、形容動詞ではなく、活用しない単語。②Bは体言を、③Aは用言を修飾していることが手がかり。

15 動詞の働きと活用を知ろう

43ページ

解答

① ア・ウ・オ（順不同）

② ①も ②む ③め
④き ⑤きれ
⑥め ⑦め ⑧こ
⑨くる ⑩こい
⑪し ⑫すれ

③ ①イ ②エ ③ア
④ウ ⑤オ

④ ①連用 ②終止
③連体 ④未然
⑤命令 ⑥仮定

アドバイス

① イ・エ以外が活用する単語です。

② ①五段活用の未然形には「読ま（ない）・読も（う）」と、二通りの活用語尾《ごび》があります。②・⑨動詞の終止形と連体形は、同じ形です。③・⑩命令形は、命令して言い切る形。

③ 「信じない」のように、「ない」を付けて、上の音で見分けます。

④ 活用形と、下に続く言葉の両方を覚えましょう。③名詞（体言）に続いています。⑤命令しています。

16 形容詞・形容動詞の働きを知ろう

45ページ

解答

① Ⓐア・エ・カ（順不同）
Ⓑイ・オ・ク（順不同）

② ①短い ②おもしろい
③真っ青だ
④温かだ

③ ①連用 ②連用
③未然 ④仮定
⑤連体 ⑥連用

④ ①だっ ②だろ
③なら ④な

アドバイス

① 活用する単語から、「い」と「だ・です」で終わるものを探しましょう。

② ①・②形容詞は「い」で言い切ります。④「優《やさ》しい」は形容詞です。「温かな」を「温かだ」と直します。

③ 活用語尾《ごび》を、「かろ／かっ・く・う／い／い／けれ」と覚えてしまうとよいでしょう。

④ ①連用形、②未然形、③仮定形、④連体形です。

17 助詞を見分けよう

47ページ

解答

① ①ア ②ウ
③イ ④エ

② ①Aイ Bア
②Aイ Bウ
③Aウ Bイ

③ ①ウ ②オ
③エ ④ア

④ ①ア ②ウ

アドバイス

① ②「みんなといっしょならば」は接続部です。④文末に付いています。

② ②A「飛行機を使って」という意味。③A「することが」と言いかえられます。B「彼女《かのじょ》の」は「家に」を修飾《しゅうしょく》。

③ ②「帰った直後」、③「例えばかばん」という意味を表しています。

④ ①イ・ウは主語を、②アは原因・理由を、イは相手を表す格助詞です。

18 助動詞を見分けよう

49ページ

解答

① ①たがる ②そうだ
③せる

② ①ア ②ウ
③イ ④エ

③ ①ウ ②ア

④ ウ

⑤ イ

アドバイス

① ①妹の希望なので「たがる」。③五段活用の動詞に付くのは「せる」。

② ②「お帰りになる」、③「組み立てることができる」と言えます。

③ ①「さあ」、②「たぶん」を補えます。

④ 「どうやら留守に……」と言えます。

⑤ ウは「すばらしい」で一語の形容詞。

まとめのテスト2 文法 50ページ

解答

1 ①イ ②オ ③ア ④オ ⑤ウ ⑥エ

2 ①散歩した・○ ②テーブルを・△ ③状況を・△ ④強く・○

3 ①イ・e ②エ・a ③ウ・b ④ア・d ⑤オ・f

4 ①○・e ②△・a ③○・d ④○・b ⑤△・c

5 ①イ ②エ ③ア ④ウ ⑤ア

6 ①イ ②ウ ③ア ④イ

アドバイス

1 ①「ぼく」は、人を指し示す代名詞。⑤地名を表すので、固有名詞。

2 用言（動詞・形容詞・形容動詞）を修飾《しゅうしょく》することが多いのが副詞で、体言（名詞）だけを修飾するのが連体詞です。

3 ①「過ぎない」、③「備えない」、④「ひかない」と活用させて、活用の種類を見分けます。

4 ①は仮定の条件を表す「ば」に、③は体言に、④は用言に続いています。⑤は「〜です」の形の形容動詞。

5 ①他を類推させる副助詞、③原因・理由を表す格助詞です。

6 ①は否定（打ち消し）の助動詞、②は形容動詞の活用語尾《ごび》、③は受け身の助動詞、④は材料を表す格助詞。

19 小説の基本を学ぼう 55ページ

解答

1 南雲家

2 （南雲）紗英

3 イ

4 松葉・紗英 〔順不同〕

アドバイス

1 「南雲家《なぐもけ》に突入《とつにゅう》した」から、松葉《まつば》は南雲家に行ったことがわかります。

2 「紗英《さえ》は招待を忘れていたかのような」という部分からわかります。

3 松葉が「スタンウェイ・ティーパーティーにお誘《さそ》いありがとう」と言っています。

4 松葉が「暑くもないのに汗《あせ》をかいた」のは、大人のなかに子どもは自分たちだけで緊張《きんちょう》しているからです。また、「大人に媚《こび》を売らないと」と言っているので、紗英も子どもです。

20 心情を読み取ろう 57ページ

解答

1 例自分のゴールを祝福しているように感じている。

2 例スピードを味わっていたいから。

3 ウ

アドバイス

1 北斗《ほくと》は夜景の光が「ゴールを祝福しているみたい」な気がして、「あたたかな光」に感じたのです。このように、小説では、風景に登場人物の心情が反映されていることがあります。

2 次の文に、「今はこのスピードを味わっていたいのだ。」とあります。

3 直後に「言葉にならない歓声《かんせい》」とあります。「歓声」は「喜びの声」という意味です。また、最後の文に注目しましょう。北斗は、ゴール地点に到着《とうちゃく》し、うれしいのです。

21 心情の変化を読み取ろう

59ページ

解答

① イ

② 少し気持ちがほどけた（。）

③ 音楽が好きそうだから

アドバイス

① 発言者が「指揮か、ピアノ」といっていることに注目します。「私」は、「どうして私が指揮やピアノをやらなくちゃいけないの」といいたいのです。

② 最初は、推薦《すいせん》を拒絶《きょぜつ》する気持ちでした。それが、発言者の「あまりに素朴《そぼく》な声」に、気持ちが変化したのです。

③ 「音楽が得意そうだから」といわれていたら、反発して「断っていたかもしれない」とあります。「音楽が好きそう」という、意外で、本当は大切なことを素直《すなお》に告げられたので、閉じていた心がほどけたのです。

22 登場人物の性格と表現を読み取ろう

61ページ

解答

① ウ

② ア

③ ウ

アドバイス

① 「じろじろと見ていた」のは、おじいさんがどんな子どもだったのか興味があったからです。「日本語がへんになってしまった」のは、おじいさんに「なんだ」と言われて、緊《きん》張《ちょう》したからです。

② 「みたいに」と比喩《ひゆ》（直喩）が使われています。太陽の光を浴びてさく黄色い大輪の花にたとえることで、明るさや優《やさ》しさが伝わってきます。

③ おじいさんは、自分から優しく話しかけてくれたりはしませんが、「ぼく」の質問に気さくに答え、「でっかいひまわりみたいに」笑います。実は心の温かい人だと考えられます。

23 主題をとらえよう

63ページ

解答

① （ボールが）ぼろぼろになるまで（ということ）。

② ア

③ ウ

アドバイス

① 律《りつ》は、「ぼろぼろになった練習球」と言っています。

② 「甲子園《こうしえん》」という律の言葉に口を「ぽかりと」開けていた真郷《まさと》が、後に続く律の言葉に感動して、「おまえ」に続く言葉を失っているのです。

③ 真郷は、もう野球をやめようと思っていました。それに対して、律は、甲子園という大きな目標をもって練習を続けていました。ひたむきに努力を続ける律の姿勢に、真郷は強く心を動かされたのです。

24 随筆《ずいひつ》の基本を学ぼう

65ページ

解答

❶ ①イ ②ア

❷ 例うれしい

❸ ア

アドバイス

❶ ①仔猫《こねこ》の目の中の様子を、和菓子《わがし》の「葛桜《くずざくら》」にたとえた隠喩《いんゆ》です。②「……ように」という直喩です。

❷ 四、五匹《ひき》の仔猫のうち、最初に目があいた一匹を見つけて、うれしくて思わず出た言葉です。

❸ 文章の最初に「猫を飼っていて一番楽しいのは、仔猫の目があくとき」とあり、最後にも、「残る片目が……それがまた面白《おもしろ》いのである」とあります。筆者は、仔猫の目があいていく様子を面白く感じて、細かく観察しています。

25 筆者の考え方をとらえよう

67ページ

解答

❶ 面白い・味気ない

❷ 寂しい

❸ イ

アドバイス

❶ 筆者は、第二段落で「『大きな蛇《へび》』ではなんとも味気ない」と言い、「『うわばみ』という面白《おもしろ》い言葉がある」と表現しています。

❷ 最後の段落で、新訳で古い日本語が消えたことを、「実に寂《さび》しい」と言っています。

❸ 最後の文で筆者は、いまの子供も、古い言葉に興味をもつことから、「日本語の面白さ、豊かさ」を知っていくのではないかと言っています。

まとめのテスト 小説・随筆《ずいひつ》

68ページ

解答

1 例新橋から川に飛びこもうとしている

2 A例感激〈感動・感心〉 B気分が落ち着いた

3 ウ

4 例消えていった

5 ウ

アドバイス

1 「新橋《しんばし》から飛べたら」「じゃあ、飛ぶぞ」や、最初のあらすじに注目します。

2 A「『お前、すげえなあ……』／背中がカッと熱くなった。」から考えます。

3 麻緒《まお》は、家のことをやっているのは、「楽しいからやってるだけ」といっているので、ア・イはちがいます。麻緒は、省吾《しょうご》をはげまし、静かな笑顔《えがお》で見守っています。

4 心の中から恐怖《きょうふ》がなくなったことを、「恐怖を吐《は》き出してしまった」とたとえて表現しています。

5 「省吾なら絶対に飛べる」「ほしたら私も力をもらえる気がする」とはげましてくれた麻緒。省吾は、信頼《しんらい》されていることに勇気づけられて、新橋から飛ぶ決心ができました。

26 説明文・論説文の基本を学ぼう

73ページ

解答

① 森林浴

② 森林の中で

③ [3]

④ ウ

アドバイス

① 文章の最初や、くり返し出てくる言葉（キーワード）に注目して考えましょう。

② 文末の表現に注意しましょう。「〜だろうか」は、問題を提起する表現です。また、問題として取り上げられるのは、話題に関することがらが多いこともおさえておきましょう。

③ [2]段落は、読者が答えとして思いつきそうなことです。答えは、[3]段落の最初の一文で述べられています。

④ [1]段落の問いと[3]段落の答えをきちんとおさえているのが、ウです。

27 指示語を読み取ろう

75ページ

解答

① 壁が屋根を支えている建物

② [例]粘土を水でねって固めた

③ イ

④ ウ

アドバイス

① 「壁立《かべだ》ち」とよぶのにふさわしいものを、指示語より前から探します。

② 直前を指しています。「〜もの」につながるように、語尾《ごび》にも注意してまとめましょう。

③ 直前を指しています。最後に屋根を作る工程について説明していることに注意しましょう。

④ ヒントにあるように、二つの遺跡《いせき》の特徴《とくちょう》をおさえましょう。石の壁だけでなく、煉瓦《れんが》の壁の例もあるので、アはまちがいです。

28 接続語を読み取ろう

77ページ

解答

① ア

② [例]オオシモフリエダシャクの黒い個体がどんどん増えていった。

③ イ

アドバイス

① 目立つせいで鳥に食べられてしまうことが、黒い個体が少ない理由です。

② 「ところが」は、前後が逆の内容になっていることを示す接続語です。「黒い個体が少ない」と逆の内容を探すと、「黒いガの数がどんどん増えていったのです」が見つかります。「黒いガが増えた」という内容があれば正解。

③ 直前に「つまり」という接続語があるので、——線②は前の部分の言いかえだとわかります。前の一文の最初にある「こうして」が指すのは、その前の段落の内容です。数の少なかった黒い個体が、環境《かんきょう》の変化によって増えたことが書かれています。

29 筆者の意見と理由を読み取ろう

79ページ

解答

① 例日本の子どもたちの味覚があいまいになっているから。

② ウ

③ イ

アドバイス

① 直前に「そこで私は」とあるので、その前が理由になります。「なぜ」とあるので、「〜から。」などでまとめます。

② ——線②で始まる段落で実験内容を、次の段落で実験結果を述べています。

③ 「これ」が指すのは、多くの子どもたちの舌が画一化されていることです。舌の画一化を困ったことだと考える筆者の根拠《こんきょ》は、——線③の後に、「食べることは生きることの基本」↓舌の画一化=個性を失う↓「味気のない、同じような感覚をもった人間しかできなくなってしまうかもしれない」という流れで説明されています。

30 段落の要点をとらえよう

81ページ

解答

① 2イ 4ア 5ウ

② ア

③ イ

アドバイス

① 2段落は、1段落の「政治」についての問いかけに対して、くわしく述べています。4段落は、「〜でしょうか。」という文末なので、問題提起。5段落は、4段落に対する答えであり、同時に結論になっています。

② 政治にはいろいろな次元の舞台《ぶたい》がある、ということが要点です。

③ 5段落の中心文は最初の一文です。4段落の問いかけに対する答えが、短くまとめられています。この内容に合った選択肢《せんたくし》はイです。

31 要旨《ようし》をとらえよう

83ページ

解答

① 例情報や思考をいったん外に出すこと。
〈例情報や思考をアウトプットすること。〉

② 4

③ ウ

アドバイス

① 2段落で「このこと」と受けた後に、「情報や思考をいったん外に出すこと」「情報や思考をアウトプットし」と言いかえています。

② 話題は「書くということ」。2・3段落はその効果についての説明で、それらを受けて、4段落で結論が述べられています。

③ 結論の4段落の中心文は、最後の二つの文。書くことの積み重ねが「ひらめく力を身につける近道だ」というのが、筆者が最も述べたいことです。文章の題名も手がかりになります。

まとめのテスト 説明文・論説文 ……84ページ

解答

1 A エ　B ウ

2 ウ

3 例 異様なゴージャス感にあふれていた。（17字）

4 一つは、な

5 イ

アドバイス

1 Aは、金ぴかをよいと思うことを、シックなものは趣味《しゅみ》がよいものと見なされないと言いかえています。Bは、後の部分が具体例になっています。

2 違和《いわ》感をおぼえたのは、「エジプトと日本の美的センスのちがい」。2〜6段落からその内容をとらえます。

3 直前の内容を指しています。「そうだった」に置きかえられる形でまとめましょう。

4 1〜6段落の内容…美的感覚はさまざま＝9段落の二文目です。

5 7・8段落の内容…美的感覚は変化する＝9段落の三文目、という関係をとらえましょう。

32 詩の種類と表現を学ぼう ……89ページ

解答

1 イ

2 ア

3 (1) 四　(2) ウ

アドバイス

1 現代の言葉（口語）で書かれています。

2 2〜4行目と6〜8行目は、どちらも「……土は／よい○になって／……よ。」という形です。

3 第一連「よい畠《はたけ》」と第二連「よい路《みち》」は、土が役立っていることを述べています。第三連で、打《ぶ》たれない土や踏《ふ》まれない土は要《い》らない土だろうかと疑問を示して、第四連で、「名のない草の／お宿をするよ。」と答えています。

33 短歌のきまりと表現を学ぼう ……91ページ

解答

1
① 初句切れ
② ア
③ ウ

2
① B
② A ウ　B イ
③ イ

アドバイス

1
① 「海恋《こい》し」（海が恋しい）で意味が切れています。
② 「蟻《あり》のごとし」は、「蟻のようだ」という意味で、「磯《いそ》行く人ら」をたとえた直喩《ちょくゆ》です。
③ 少女のころ暮らした自分の家を、なつかしく思い出しています。

2
① Bの歌の初句が六音、第二句が八音です。
② A「走りつつ行く線路の上を」は、ふつうの語順では、「線路の上を走りつつ行く」となります。
③ 「われをなつかしくなるごとき」は、「自分をなつかしんでくれるような」という意味です。

34 俳句のきまりと表現を学ぼう

93ページ

解答

1
① Ⅰ蝉　Ⅱ夏
② Aや　Bけり
③ Aウ　Cア

2
① Ⅰ咳　Ⅱ冬
② C
③ Aウ　Bア　Cイ

アドバイス

1
①「蝉《せみ》」は夏に現れる虫です。
② 切れ字は、「や・かな・けり」などです。
③ Aの俳句は、第三句が「声」という体言《たいげん》（名詞）で終わっています。Cの俳句は、みずすましが跳《は》ねるときの水の様子を、「水鉄の如《ごと》し」（水が鉄のようだ）と直接たとえています。

2
①「咳《せき》」は冬の季語です。
② Cの句は、五・七・五の定型に当てはまりません。
③ A…作者は、風邪《かぜ》を引いて退《たい》屈《くつ》している我《わ》が子の、きりのないなぞなぞあそびに付き合っています。B…自然の「夏草」と人工物の「汽罐車《きかんしゃ》の車輪」が対比されています。C…「分け入つても」のくり返しに、迷いを胸に、山道をひたすら進む作者の姿が表されています。

まとめのテスト　詩・短歌・俳句

……94ページ

解答

1
1 ア・エ（順不同）
2 夕焼け・召しあがる
3 例空の色

2
1 エ
2 ①C　②B

3
1 Ⅰ五月雨　Ⅱ夏
2 ①C　②A　③B

アドバイス

1
1 「……のような」は直喩《ちょくゆ》。
2 夕焼け空の赤い色が消えていく様子を、「夕焼けを／掬《すく》って召《め》しあがる」と表しています。
3 空の色の変化を、赤（第一連）、赤色が消えていく（第二連）、青くなる（第三連）、とたくみに表現して、美しさを伝えています。

2
1 「咲《さ》かむとすなり」（咲こうとしている）で切れます。
2 ②作者は、足もとの葛《くず》の花が踏《ふ》まれているのを見て、だれかが山道を通ったばかりだということに気がつきました。

3
1 五月は、昔の暦《こよみ》では夏です。
2 ①「春一番」は、春先にその年初めて吹《ふ》く強い南風です。作者は春の訪《おとず》れに、未来への期待や不安を重ねています。②五月雨《さみだれ》が降って水かさが増した川の岸に、小さな家が二軒《にけん》あります。③「ガバリと」は、水枕《みずまくら》の水が立てた音を表す擬声《ぎせい》語です。

35 古文の言葉を知ろう

解答

1 ①かお ②ふじ ③こえ ④はずかし

2 ① ①よろず ②いい ③いたり

② Aウ Bイ

アドバイス 99ページ

1 ①語頭以外の「は・ひ・ふ・へ・ほ」は「わ・い・う・え・お」に直します。「ほ」→「お」です。②「ぢ」を「じ」に直します。語頭の「ふ」はそのままです。③「ゑ」を「え」に直します。④「づ」を「ず」に直します。

2 ① ①「づ」を「ず」に直します。②「ひ」を「い」に直します。③「ゐ」を「い」に直します。

② B「うつくし」は、小さいものに心ひかれる気持ちを表します。

36 古文の表現を知ろう

解答

1 ①が ②ある犬

2 ①ウ ②Aア Bイ

アドバイス 101ページ

1 ①主語を表す「が」です。

②前に出た主語である「ある犬（が）」を省略しています。

2 ①ア・イは連体修飾《しゅうしょく》語を作る「の」。

②A「けり」は、過去「〜た」を表す助動詞。B「たり」は、ここでは「〜ている」という意味です。

37 係《かか》り結《むす》びのきまりを学ぼう

解答

①ウ

②(1)か (2)イ

③Bウ Cイ

アドバイス 103ページ

①文末が「けれ」と已然《いぜん》形になっているので、「こそ」が入ります。

②(1)係《かか》りの助詞は「ぞ・なむ・や・か・こそ」の五つです。

(2)「何事があったのでしょうか」という疑問を表します。

③係り結びです。B「こそ」があるときの文末は已然形、C「ぞ」があるときの文末は連体形。

38 和歌の表現をとらえよう

解答

1 ①ひさかたの ②掛詞

2 ①三 ② ①C ②A ③B

アドバイス 105ページ

1 ①「ひさかたの」は「光」に係る枕詞《まくらことば》。

②一つの言葉に二つの同音の語の意味を重ねる表現技法です。

2 ①意味の切れ目を探します。この「けり」は詠嘆《えいたん》を表す助動詞。

②②東と西を対応させ、広がりを表現しています。③はかない夢の中でもいいから、恋《こい》しい人に会いたいというのです。

39 漢文のきまりを学ぼう

107ページ

解答

1 ①2・1 ②3・1・2

2 ①徳は孤ならず。 ②人生死有り。

3 1 其の矛を誉めて曰はく 2 イ

アドバイス

1 ①レ《れ》点の付いた「有」を飛ばし、「徳」を読み、「有」に返ります。
②二点の付いた「如」を飛ばし、一点が付いた「露」まで読んでから、「如」に返ります。

2 ①「不《ず》」は助動詞なので、平仮名《ひらがな》で書きます。

3 1 「其矛」を読んでから、「誉」に返ります。
2 3 2 1 4 の順に読めるのはイです。

40 漢詩の種類と表現を学ぼう

109ページ

解答

1 ア

2 一・二〔順不同〕

3 二・四〔順不同〕

4 三

アドバイス

1 四句（行）から成り、一句が五字です。

2 「江碧」と「山青」、「鳥逾白」と「花欲然」が対《つい》になっています。

3 「然《ぜん》」と「年《ねん》」のひびきが似ています。

4 美しい景色から一転して、作者の思いが歌われます。

まとめのテスト 古文・漢文

110ページ

解答

1 1 ①うずむ ②かまえて
2 ウ
3 亭主〈有人〉
4 こそ

2 1 甲を棄て兵を曳きて
2 ウ
3 イ

アドバイス

1 1 ①「づ」を「ず」に直します。
②「へ」を「え」に直します。
2 主語を表す助詞が入ります。
3 前の文と主語が変わらないときは、よく主語が省略されます。ここでは、直前の一文に「亭《てい》主《しゅ》」という主語があります。
4 「なれ」と已然《いぜん》形で結んでいるので、「こそ」が入ります。

2 1 レ《れ》点があるときは、下の字を読んでから、上に返ります。
2 「百歩」から「不」に返るので、「一・二点」が使われます。
3 「五十歩も百歩も逃《に》げたことは変わらない」という内容です。

0 9 8 7 6 5 4 3 2
D C B A